批校经籍叢编　子部〇一

中國國家圖書館藏

山海經

〔晉〕郭璞　注

〔清〕王念孫　批校

浙江古籍出版社

圖書在版編目(CIP)數據
山海經 / (晉) 郭璞注 ; (清) 王念孫批校.
杭州 : 浙江古籍出版社, 2024. 12. -- (批校經籍叢編
). -- ISBN 978-7-5540-3170-4
Ⅰ.K928.626
中國國家版本館CIP數據核字第2024YC2819號

批校經籍叢編

山海經

〔晉〕郭璞 注　〔清〕王念孫 批校

出版發行　浙江古籍出版社
（杭州市環城北路177號　郵編：310006）
網　　址　http://zjgj.zjcbcm.com
叢書題簽　沈燮元
叢書策劃　祖胤蛟　路　偉
責任編輯　路　偉
封面設計　吴思璐
責任校對　吴穎胤
責任印務　樓浩凱
照　　排　浙江大千時代文化傳媒有限公司
印　　刷　浙江新華印刷技術有限公司
開　　本　889 mm × 1194 mm　1/16
印　　張　18.25
版　　次　2024年12月第1版
印　　次　2024年12月第1次印刷
書　　號　ISBN 978-7-5540-3170-4
定　　價　238.00圓

批校經籍叢編序

古籍影印事業久盛不衰，造福於古代文獻研究者至廣至深，電子出版物相輔而行，益令讀者視野拓展，求書便捷。今日讀者泛覽所及，非僅傳世宋元舊槧、明清秘籍多見複製本，即公私各家所藏之稿本、抄本及批校本，亦多經發掘，足備檢閱。昔人所謂『文獻足徵』之理想，似已不難實現。回溯古籍影印之發展軌跡，始於單種善本之複製，進而彙聚衆本以成編，再則拾遺補缺，名目翻新，遂使秘書日出，孤本不孤，善本易得。古人之精神言語至今不絶，國人拜出版界之賜久且厚矣。處此基本古籍多經影印之世，浙省書業同仁穿穴書海，拓展選題，兹將推出『批校經籍叢編』。

昔人讀書治學，開卷勤於筆墨，舉凡經史諸子、訓詁小學、名家詩文，誦讀間批校題識，乃爲常課。後人一編在手，每見丹黄爛然，附麗原書，詁經訂史，本色當行，其批校未竟者，覽者每引爲憾事。古籍流轉日久，諸家批校又多經增損，文本歧出，各具異同，傳本既夥，遂形成『批校本』之版本類型，蔚爲大觀。古籍書目著録中，通常於原有之版本屬性後，加注批校題跋者名氏。今人編纂善本目録，遇包含批校題跋之文本，即視其爲原本以外另一版本。

古書流傳後世，歷經傳抄翻刻，版本既多且雜，脱訛衍誤，所在不免。清人讀書最重校勘，尤於經典文本、傳世要籍，凡經寓目，莫不搜羅衆本，字比句櫛，列其異同，疏其原委，賞奇析疑，羽翼原書。讀書不講版本，固爲昔人所笑，而研究不重校勘，賢者難免，批校本之爲用宏矣。前人已有之批校，除少量成果刊佈外，殘膏賸馥，猶多隱匿於各家所庋批校本中，發微闡幽，有待識者。

批校本爲古今學人心力所萃，夙受藏書家與文獻學者重視。余生雖晚，尚及知近世文獻大家之遺範，其表表者當推顧廷龍、王欣夫諸前輩。兩先生繼志前賢，好古力學，均以求書訪書、校書編書終其身，其保存與傳播典籍之功，久爲世人熟稔，而溯其治學成果，莫不重視批校本之搜集與整理。顧老先後主持合衆、歷史文獻及上海圖書館，諸館所藏古籍抄稿本及批校本，林林總總，數以千計，珍同球璧，名傳遐邇，至今仍播惠來學，霑溉藝林。欣夫先生亦文獻名家，平生以網羅董理前賢未刊著述爲職志，其藏書即以稿抄本及批校本爲重點，傳抄編校，終身不懈，所著《蛾術軒篋存善本書録》含家藏善本千餘種，泰半皆稿抄、批校本，通行刊本入録者，亦無不同時並載前人批校。先生學問博洽，精於流略，於批校本鑒定尤具卓識，嘗謂前人集注、集釋類專著，多采摭諸家批校而成，如清黄汝成編《日知録集釋》於光大顧亭林學術影響甚鉅，而未采及之《日知録》批校本，猶可爲通行本補苴。先生於批校本之整理實踐，又可以編纂《松崖讀書記》爲例。先生自少即有志輯録清代考據學大家惠棟批校成果，分書分條，隨得隨録，歷時久而用力深，所作『輯例』，雖爲《讀書記》而作，實則金針度人，已曲盡批校本之閫奥，不辭覼縷，摘録於次：

一、是書仿長洲何（焯）《義門讀書記》、桐城姚範《援鶉堂筆記》例，據先生校讀羣書或傳録本，案條輯録。先采列原文，或注或疏，或音義，次空一字録案語。如原文須引數句或一節以上者，則止標首句而綴『云云』二字於下，以省繁重，蓋讀此書者，必取原書對讀，方能明其意旨也。

二、所見先生校讀之書，往往先有先生父半農先生評注，而先生再加校閲者，大概半農先生多用朱筆，先生多用墨筆。然亦有爲例不純、朱墨錯出者。原本尚可據字跡辨認，傳録本則易致混淆，故間有先後不符、彼此歧異者，亦有前見或誤，後加訂正，於此已改而於彼未及者，可見前哲讀書之精進。今既無從分析，衹可兩存之，總之爲惠氏一家之學而已。

三、原書於句讀批抹，具有精意，足以啓發讀者神智。本欲仿歸、方評點《史記》例詳著之，因瑣碎過甚，卷帙太鉅，又傳録本或有衹録校語而未及句讀批抹者，故未能一一詳之也。

四、凡傳録本多出一時學者之手，故詳審與手蹟無異，每種小題下必注據某某録本，以明淵源所自。録者間有校語，則附録於當條下。

五、先生羣經注疏校閲本，其精華多已采入《九經古義》。今所輯者皆隨手箋記，本有未定之説，或非精詣所在，然正可見先正讀書之法。若以『君子不示人以璞』之語爲繩，則非輯是編之旨也。

六、《左傳補注》已有專書，故兹編不列，其《讀説文記》傳抄本最多，其刻入《借月山房叢書》、《小學類編》者，亦出後人綴集，兹以便學者，不煩他求，故仍列入焉。

七、先生所著《更定四聲稿》，其目志傳藝文均不載，僅一見於顧（廣圻）傳録先生所校《廣韻跋》中。前年偶於坊間得朱（邦衡）手抄殘本五册，吉光片羽，亦足珍貴，重爲案韻排比，録附於後，尚冀異日全稿發現，以彌闕憾。

八、先生《文抄》，今所傳貴池劉氏《聚學軒叢書》二卷本，係出新陽趙元益所抄集，其未刻遺文（見於印本或墨蹟者），據所見附輯附後。

九、兹編所輯，僅據所藏所見者隨得隨録，其或知而未見、見而未能借得，及未知、未見者，尚待續輯，望海内藏書家惠然假讀，補所未備，是所禱耳。

十、是編之輯已歷十稔，所據各本除自有外，多假諸同好摯友，如常熟瞿氏（啟甲、熙邦）鐵琴銅劍樓、丁氏（祖蔭）緗素樓、杭縣葉氏（景葵）卷盦、吴興劉氏（承幹）嘉業堂、至德周氏（暹）自莊嚴堪、貴池劉氏（之泗）玉海堂、吴縣潘氏（承謀）彦均室、顧氏則奂過雲樓，及江蘇國學圖書館、上海涵芬樓，皆助我實多，用志姓氏於首，藉謝盛誼。

先生矻矻窮年，成此巨編，遺稿經亂散佚，引人咨嗟。先生輯録方式以外，今日利用古籍普查成果，網羅羣書，慎擇底本，影印『惠氏批校本叢書』，足與輯本方駕齊驅，而先生所記書目，猶可予以擴充。又所記底本有録自『手蹟真本』者，有從『録本』傳抄者，可知名家批校在昔已見重學林，原本、過録本久已並存。如今天下大同，藏書歸公，目録普及，技術亦日新月異，以影印代替輯録，俾原本面貌及批校真蹟一併保存，仿真傳世，其保護典籍之功，信能後來居上。

浙江古籍出版社編輯諸君，於古籍影印既富經驗，又於存世古籍稿抄批校本情有獨鍾，不辭舟車勞頓，目驗原書，比勘覆覈，非僅關注已知之名家批校本，又於前人著録未晰之本，時有意外發現，深感其志可嘉而其事可行。而入選各書，皆爲歷代學人用力至深、批校甚夥之文本，而毛扆、黄丕烈、盧文弨、孫星衍、顧廣圻等人，均爲膾炙人口之校勘學家。出版社復精心製版，各附解題，索隱鉤玄，闡發其藴。此編行世，諒能深獲讀者之歡迎而大有助於古代文獻研究之深入。

本叢書名乃已故沈燮元先生題署，精光炯炯，彌足珍貴。憶昔編輯部祖胤蛟君謁公金陵，公壽界期頤，嗜書如命，海内所共知，承其關愛，慨然賜題，不辭年邁，作書竟數易其紙。所惜歲月如流，書未刊行而公歸道山，忽已期年。瞻對遺墨，追懷杖履，益深感慕焉。

甲辰新正雨水日，古烏傷吴格謹識於滬東小吉浦畔

前言

劉思亮

一、王念孫手批本《山海經》流傳始末

王念孫是成績斐然的樸學大師，一生所治，皆雅馴之學，鮮涉奇譎怪誕之書，但王氏却有手批本《山海經》一册，眉批殆遍，羅列異文甚詳。是書因典藏甚秘，流布未廣，故所見者不多，其價值未能充分展現，諸家校《山海經》亦鮮見徵引。今人袁珂《山海經校注》雖間或徵引，但多節略删裁。且偶見疏失，如《海内西經》『貳負之臣』下録王念孫校：『宋本音苦。』但王氏手批本並無此條。且王念孫並未得見宋本《山海經》，袁氏所引王氏校語不知何據，諸如此類，不一而足。王氏手批本僅民國王謇《山海經箋疏箋記》、今人于省吾（仍以項絪本爲底本過録）、范祥雍《山海經箋疏補校》等書曾完整過録，均是手稿，不易獲取，且間有脱漏。

王念孫手批本《山海經》，所用底本爲清康熙五十三年至五十四年（一七一四—一七一五）項絪羣玉書堂刻本，該本爲十一行二十一字，細黑口，四周單邊，經爲單行大字，郭璞注爲雙行小字，刊刻精美。明、清二代見過真宋本者甚少，項絪本已堪稱清代所見《山海經》諸本中的精品，所以被王念孫選爲底本進行批校。

王念孫手批本《山海經》現藏於國家圖書館。該書卷前副頁上有費念慈跋語：『光緒十七年二月既望，從伯羲前輩叚讀，用明吴琯本校臨一過。武進費念慈記。』下鈐『費』『君直』二印。首頁《上山海經奏》書眉上有『涵芬樓』印，右側自上而下分别鈐有『海鹽張元濟經收』『北京圖書館藏』『淮海世家』『高郵王氏藏書印』。是書末頁左下角自上而下鈐有『北京圖書館藏』『涵芬樓藏』二印。

關於該本前期的流傳情況，民國張元濟、顧廷龍有長篇題記，述之已詳。王謇《海粟樓叢稿·山海經箋疏箋記》、范祥雍《山海經箋補校》並抄於《四部備要》本卷前扉頁上。其文云：

去年冬日，吾友徐森玉歸自北京，出示是書，云鄭振鐸囑其交還余手。稱得自天水氏，入官各書中因有涵芬樓印記及余經收章，必係由涵芬樓散出。余一見書衣，即認爲樓中故物。余編《燼餘書録》，原有書目，徧覓不見，故於《録》中漏列，此必在日寇入侵以前即已散佚。樓中善本概不出借，不知何以入於天水手中。料必是典守之人胠篋而去者，又僅一册，故不易察也。是書爲傅沅叔在京爲余購得者，書中有石臞先生手校，眉批旁注殆徧。朱筆字體秀整，墨筆行草樸質，又多渴筆，審已高年病癱之後，兩校當非同時所爲也。繹其校例，一以本經互校；一以它書所引，博稽異同，折衷己意。……諸如此類，考訂精碻，爲郝氏《義疏》所未及，可補《讀書雜志》之遺。舊爲盛氏意園所藏，副頁有費念慈臨校題記。

一九五三年一月，張元濟。

又傅增湘《藏園羣書經眼録·小説家類·山海經傳》亦録有王念孫手批本，並云：『清康熙五十四年項絪羣玉書堂刊本。王念孫朱筆手校。鈐有「高郵王氏藏書印」白，「淮海世家」朱二印，有費西蠡念慈跋。（盛昱遺書，索十六元。壬子）』結合費念慈、張元濟、顧廷龍諸家跋語及傅增湘所記，再借助書中印章信息，該書流傳情況可大概勾勒出來：

該書爲王念孫手批稿本，高郵王氏父子舊藏之物，後輾轉入藏於清宗室盛昱（字伯羲）意園之中。光緒十七年（一八九一），費念慈從盛昱處假出，用明吴琯本校臨一過，並於該書副頁上題跋以記。光緒二十五年（一八九九），盛昱卒，意園舊藏漸次散出。一九一二年（即傅增湘所謂壬子年），傅增湘以銀元十六元爲張元濟涵芬樓購得是書，故上鈐『涵芬樓』『涵芬樓藏』『海鹽張元濟經收』等印。後該書又被人從涵芬樓中盜出，入趙萬里之手（即張元濟所謂『天水氏』），一九三二年涵芬樓毁於日軍炮火之下，王念孫手批本《山海經》却因盜出而免遭戰火。該書後又從趙萬里手中流出（趙萬里曾任北平圖書館善本考訂組組長、善本部主任等職），入藏於國家文物局，時任國家文物局局長的鄭振鐸根據書中印章信息，於一九五二年托上海文物保管委員會主任徐森玉歸還張元濟。不知何種原因，該書後又從張元濟處流出，入藏於北京圖書館至今（一九八七年北京圖書館更名爲國家圖書館）。該書輾轉流傳，幸未被毁，實屬萬幸。

二、王念孫批校《山海經》特點

王念孫校記分朱、墨二色。朱筆校記多直接添、改字詞，遽下案斷。墨筆則博引諸書，書證爲主，略有論述。劉盼遂《高郵王氏父子著録考》論及此書時云：「殆先生治此書之初稿未及整飭者也，盼遂意先生理董諸子，殆皆用是法：先以類書校，而後以聲音訓詁之例會通之也，此書特良工之樸爾。」此説對錯參半。此書爲王念孫初稿無疑，但朱批多爲論斷和改字，論説至簡，校訂較爲倉促，不及深討，乃早年所作（説詳下文）；墨批才是所謂「以類書校」者，大概是晚年所作。張元濟題記即云：「書中有石臞先生手校，眉批旁注殆遍。朱筆字體秀整，墨筆行草樸質，又多渴筆，審已高年病癱之後，兩校當非同時所爲也。」張説較爲合理。

（一）王念孫的校勘比較注重内證，在無其他版本可據的情況下，常依據《山海經》内部文例，得出正確的校勘結論。如《西山經》有槖𩀓「服之不畏雷」，王念孫朱批徑删「畏」字，未説明删改緣由。王氏墨批增補了書證，並説明删改理由：

> 《御覽·天部十三》有「畏」字。《類聚·天部下》同。《初學·天部》同。「服之不畏雷」，疑本作「服之不雷」。《中山經》「服之者不霆」，郭注云「不畏雷霆」，是其證也。若本作「不畏雷」，則郭注爲贅語矣。《中山經》「食者不風」，注云：「不畏天風。」《中山經》正回之水「其中多飛魚，服之不畏雷」，「畏」字亦後人所加。

王説甚允。元曹善抄北宋本《山海經》即無「畏」字，與王校合。又王念孫所舉《中次三經》飛魚「服之不畏雷」，「畏」字曹本亦無，足見王氏校勘功力之深。

又如《西次三經》泑山「西望日之所入，其氣員」，郭璞注：「日形員，故其氣象亦然也。」王念孫墨批：「員、魂聲相近，猶上文言『其氣魂魂』耳。注讀爲方員之員，非是。」所引内證即《西次三經》槐江之山「其光熊熊，其氣魂魂」，以糾正郭璞注解之失。王念孫「訓詁之旨，本於聲音」，「聲近義同」的校勘理念，在《山海經》校勘實踐中已充分踐行。王氏利用内證互校的例子甚夥，不一而足。

（二）博稽異同，廣引諸書，作爲校改的依據。

王念孫墨批所引包括《周禮》、《説文》、《爾雅》、《廣雅》、《史記》、《漢書》、《後漢書》、《開元占經》、《藝文類聚》、《北堂書鈔》、《初學記》、《白孔六帖》、《太平御覽》、《法苑珠林》、《一切經音義》、《玉篇》、《廣韻》、《集韻》、《管子》、《吕氏春秋》、《文選注》、《穆天子傳》、《水經注》、《弘明集》、《陶淵明集》、《帝王世紀》等數十種典籍。其中又以徵引《太平御覽》和《文選注》最多，二書所引《山海經》文，王念孫徵引殆盡，所徵條目有吴任臣《山海經廣注》、郝懿行《山海經箋疏》未及者，凡所徵引又多標明頁碼，説明是王氏親自翻書抄録，也能説明墨批時，其時間較爲充裕。

（三）借助王念孫《山海經》批校本，可瞭解其學問融通、前後一貫的特點。

王氏校改雖多無説明，或説明甚略，但却能在他其他著作如《讀書雜志》、《廣雅疏證》及王引之《經義述聞》等中見到相關論述，可爲校改之注脚。

如《東次二經》餘峩之山有犰狳，「見則螽蝗爲敗」。郭璞注：「螽，蝗類也。言傷敗田苗。音終。」吴任臣《山海經廣注》、畢沅《山海經新校正》、郝懿行《箋疏》等均未指出其誤。而王念孫朱批則改經文之「螽」爲「蟲」，並云：「依《御覽》改。」未作過多解説。但《讀書雜志・漢書第四・蝗蟲》云：

> 「蝗蟲」本作「蟲蝗」。「枯旱」「蟲蝗」相對爲文。後人不解「蟲蝗」二字之義，故改爲「蝗蟲」。案「蟲蝗」猶言「蟲螟」，見《月令》。亦猶《禮》言「草茅」，《傳》言「鳥烏」，《荀子》言「禽犢」，今人言「蟲蟻」耳。

經典中「蟲蝗」並言，王引之《經義述聞》卷十四「蝗蟲」條辨之亦甚詳。而曹善抄本正作「蟲蝗」，可見王氏校勘之確。又「螽，蝗類也」云云，曹本無，説明此條絶非郭氏舊注，乃後人妄補。《經義述聞》卷十四云：

> 《東山經》「見則螽蝗爲敗」，「螽」字亦後人所改。彼注「螽，蝗類也。言傷敗田苗。音終」十一字，皆後人所加。《太平御覽・獸部二十五》引《東山經》正作「蟲蝗」而無注，蓋後人罕見「蟲蝗」之文而改之，又妄加注文耳。

王引之所論至確。前賢多懾於郭注之名，不能指摘其誤，今證之以曹本，則王氏父子之校可謂精當。

當然，王念孫校改並非無瑕，百密難免一疏。其所舉書證，常因版本不佳，造成疏漏。如《北山經》單張之山有鳥曰白鵺，『食之已嗌痛』，王念孫墨批：『《御覽·疾病四》作「白鵺，食之已噎」。』而影宋本《御覽·疾病四》引却作『單張之山有鳥曰鵺，食之已嗌。』所謂『白鵺』乃『曰鵺』之誤。又如《南山經》箕尾之山『多沙石』，王念孫墨批：『《職金疏》引「喉基之山多沙石、白金」。』王謇批校云：『「喉基」無義，疑「箕尾」或「尾箕」之誤。』案王念孫所據《周禮·職金疏》文辭有誤，句讀亦失，王謇亦並誤。王氏所據《周禮注疏》蓋阮元刻本，查阮元本《職金疏》作：『青乏之山，其陽多玉，其陰多青𦢊；基之山，多沙石、白金。』王氏所據本『喉』乃『𦢊』之誤，『𦢊』又爲『臒』之譌。又《職金疏》『青乏』乃『青丘』之訛，《南山經》青丘之山『其陽多玉，其陰多青臒』是其證。故『喉』當屬上讀，王念孫引誤。

總之王念孫《山海經》批校具有較大價值，校勘成果不僅能反映其治學特色，數百條校勘意見中，有不少是吴任臣、畢沅、郝懿行諸家意見所不能替代者，值得深入研究。

三、《山海經》王念孫朱校時間考索

關於王念孫何時開始批校《山海經》，歷來無人考證，劉盼遂《高郵王氏父子著録考》、王章濤《王念孫王引之年譜》等書均未提及。劉盼遂《高郵王氏父子年譜》云：『王氏父子詩文存者絶少，故其事蹟較難考索，又於當世絶寡交遊，故同時人集中亦罕見先生之事。』但通過爬梳王念孫相關著作發現，王氏墨批具體時間雖難考索，但朱批時間却大概可推知。

總觀王念孫讀書、治學的特點，雖『素精熟于《水經注》、《禹貢錐指》、《河防一覽》諸書』（王引之《石臞府君行狀》），但一生鮮治地理之學，也很少讀『閒書』，而却在號稱『百家不雅訓之言』的《山海經》上留下了條目衆多的批注，顯示了他對該書的重視。王念孫爲何不遺餘力地在該書上傾注心血？究其原因是王氏需要用到此書中材料，用書先校書是王念孫的一貫作風。

王念孫曾有較長一段時間供職於工部都水司，專司河工之事，後又任永定河道、山東運河道等職，與水道、河工事宜淵源頗深。正是因職事所需，所以王念孫在都水司、河道任上，讀了不少地理之書。王引之《石臞府君行狀》云：『奉旨以部屬用，簽掣工部，治事于都水司。都水司，河工估銷總匯之所也。府君素精熟于《水經注》、《禹貢錐指》、《河防一覽》諸書，至是益講明治水之道。爲《導河議》上、下篇，上篇導河北流，下篇建倉通運也。』阮元《王石臞先生墓誌銘》亦云：『散館，改工部主事，主都水司事，遂精心於治河之道。由今河而上溯歷代治河諸書，古今利弊，無不通究，爲《導河議》上、下篇。上篇導河北流，下篇建倉通運。』《山海經》雖被四庫館臣移入『小説家』之列，但在此前，多被視爲地理之書，所以朱批《山海經》工作，最有可能是王念孫任職工部期間完成，並有可信的證據支持此推論。

乾隆四十七年（一七八二），即王念孫任職工部都水司主事一年以後，内閣奉上諭，令四庫館總裁督同總纂編寫《河源紀略》一書，王念孫作爲主撰人員之一，奉旨參加。這是以聖旨形式下達的編纂任務，且乾隆帝極爲重視此事，特作《河源詩》及長文二篇冠於書首，所以參編人員不敢苟且。聖旨明諭：

> 所有兩漢迄今，自正史以及各家河源辨證諸書，允宜通行校閱，訂是正訛，編輯《河源紀略》一書。著四庫館總裁督同總纂等悉心纂辦，將御製河源詩文冠於卷端。凡蒙古地名、人名譯對漢音者，均照改定正史詳晰校正無訛，頒布刊刻，並録入《四庫全書》，以昭傳信。特諭。

聖旨中明確要求『自正史以及各家河源辨證諸書，允宜通行校閱，訂是正訛』，而《山海經》中就有直接關於河源及水道流行的材料，包括『導河積石』『河出崑崙』云云，均是編輯《河源紀略》不可回避的材料。通檢《河源紀略》可發現，全書前後徵引《山海經》將近百次。乾隆四十七年七月己酉（一七八二年八月二十二日），乾隆帝在所作《御製河源簡明語》中也指出：『蓋河源究以張騫所探蒲昌海鹽澤及漢武所定昆侖爲是，雖《山海經》、《水經注》皆略具其説。』聖喻明確提到《山海經》，作爲《河源紀略》主要編纂者之一的王念孫，在撰寫之前必對《山海經》校讀一過。

從《河源紀略》章節及相關内容中，也能找出相關證據。該書除去卷首上諭、御製詩文及凡例，正文共三十五卷，其中除卷一《圖説》一、卷三十至卷三十一《紀事》五至六、卷三十二至三十五《雜録》一至四署名王念孫外，其他卷數分別署名吴省蘭、任大椿。而王引之《石臞府君行狀》則云：『時奉旨纂《河源紀略》，府君爲纂修官，議者或誤指河源所出之山，先生力辨其訛，議乃定。《紀略》中《辨訛》一門，府君所撰也。』而《辨訛》一門，屬於《河源紀略》卷二十至二十五，署名却爲『吴省蘭』，與王引之所記相悖。那麼《河源紀略》署名上是否存在問題，王引之的説法是否可信？這一問題還直接關涉到王念孫《山海經》朱批的時間。

其實《河源紀略》中《辨訛》一門是否出自王念孫之手，是可以驗證的。綜觀《河源紀略》引《山海經》文，大概有兩個版本，一本是承襲明清以來通行本，另一本則是經過校改過的校本，而校本的校改信息則與王念孫手批本《山海經》完全吻合。毋庸置疑，凡徵引經過校改並與王念孫朱批相符的《山海經》文，内容必是出自王念孫之手，這也從側面證明了王念孫在撰寫《河源紀略》之前，就有過一次校讀《山海經》的經歷。下面試舉幾例以作説明。

《河源紀略》卷二十五《辨訛六·萬斯同崑崙辨》云：

> 夫《山海經》道里之不足據，固無庸辨，至《漢書》謂『鹽澤去玉門、陽關三百餘里』，此則今本《漢書》之訛脱也。案《水經注》引《山海經》云『不周之山，東望泑澤，河水之所潛也，其源渾渾泡泡』，下云『東去玉門、陽關千三百餘里』。泑澤即鹽澤，是鹽澤去玉門、陽關千三百餘里，非三百餘里矣。恭考《欽定輿地全圖》回部羅布淖爾，西去嘉峪關外玉門縣千三百餘里。羅布淖爾即蒲昌海，蒲昌海即鹽澤也，是又鹽澤去玉門、陽關千三百餘里之明證矣。

今本《山海經·西次三經》『不周之山』下云：『又西北三百七十里，曰不周之山。北望諸毗之山，臨彼嶽崇之山，東望泑澤，河水所潛也，其源渾渾泡泡。』王念孫朱批本於『所』上補『之』字。郭注：『河南出崑崙，潛行地下，至葱嶺出于闐國，復分流岐出，合而東流，注泑澤。已復潛行，南出於積石山，而爲中國河也。名泑澤，即蒲澤，一名蒲昌海。廣三四百里，其水停，冬夏不增減，去玉門關三百餘里，即河之重源，所謂潛行也。』此條郭注錯訛稍甚：『河南出崑崙』，『南』字王念孫删去；『至葱嶺出于闐國』，『出』爲『山』之訛，元代曹善抄本、王念孫校並作『山』，甚是。『名泑澤』，『名』爲衍文，元曹善抄本、王念孫校並無此字；『蒲澤』爲『鹽澤』之誤，元曹善抄本、王念孫校均作『鹽澤』；『去玉門關三百餘里』，『門』下王念孫補『陽』字，『三』上王念孫校補『千』字。可見《辨訛六・萬斯同崑崙辨》所引《山海經》及郭璞注與王念孫手批本完全相同。

又《河源紀略》卷二十一《辨訛二・水經》引《山海經》郭璞注云：『河出崑崙，潛行地下，至蔥嶺山于闐國復分流岐出。』所引正是上文《西次三經》文，『河南出崑崙』，『南』字已删，『蔥嶺出』已作『蔥嶺山』，與王念孫朱批《山海經》完全吻合。而吴省蘭纂修的卷十四《證古一》引此條郭璞注仍作『河南出崑崙，潛行地下』，『南』字並未删除，同引一條材料，前後不一，足見卷二十一《辨訛二》雖題爲『纂修官編修臣吴省蘭』，實際上是王念孫所作。

又《河源紀略》卷二十一、卷二十五引《西次三經》文云：『崑崙之邱，實惟帝之下都，河水出焉。』而同題爲『吴省蘭纂修』的卷十四引此文則作『崑崙之邱，是實爲帝之下都，河水出焉。』卷十四引《山海經》與今本同，而卷二十一、卷二十五引《山海經》文則與王念孫校改本同。王念孫手批本《山海經》此條下有朱批，改『是』爲『寔』，並删『實』字。

又《河源紀略》卷二十《辨訛一・山海經》專爲《山海經》所設，意在辨《山海經》之訛，其中引《山海經》『又西三百里曰積石之山，其下有石門，河水冒以西流』下有長文辯駁《山海經》『河水冒以西流』之非，並云：『博考羣書，證以圖志，自于闐、蔥嶺之東，水皆東流非西流，至積石一山尤在星宿海之東北，其不可指爲崑崙以西之山明矣。若如《山海經》積石在崑崙之西，河水又皆西流，則河何以得入中國？』而王念孫手批本《山海經》此條下即有朱、墨二色批語，朱批於『西』下補『南』字；墨批則云：『《類聚・水部上》有『南』字，《初學・地部中》同，《白帖六》同。』此條批改的意見雖未放入《河源紀略》引《山海經》文中，但王氏對此條文獻所記方位正誤的懷疑，確是前後一致的。

又卷二十《辨訛一・山海經》中引《西次三經》『不周之山』下文字，並云：『是《山海經》本以泑澤爲蒲昌海，非以渤海爲蒲昌海。間考《山海經》一書，從無一水兩名之例，今既名泑澤，斷不又名爲渤海也。』文中既云『間考《山海經》一書』，這也是王念孫在纂修《河源紀略》之前，已讀過《山海經》的明證，《山海經》中朱批最有可能就是在纂修《河源紀略》

前的一段時間內完成的。

而吴省蘭徵引《山海經》之文多同通行本，錯誤之處多不作更改，且徵引粗疏，有違王念孫治學之風。如卷十七《證古四》引《西次三經》『長沙之山』下郭注云：『泑，水黑色也。』而今傳諸本皆作『泑，水色黑也。』『色』『黑』二字誤乙。

關於墨批撰成時間，因文獻不足，暫無從考索。張元濟云：『墨筆行草樸質，又多渴筆，審已高年病癱之後。』此說大概可從。七十五歲以後的王念孫身體漸漸羸弱，至道光三年（一八二三），八十歲的王念孫復江有誥書已稱『手戰書不成字』（《王光禄遺文集》卷四《與江晉三書》）。這大概是墨批時間的下限。又王氏墨批中偶見徵引王引之説，如《南次三經》侖者之山下王念孫有墨批：『《御覽》作「白䓘」。引之曰：當作咎蘇。』『白䓘』考證見於《廣雅疏證》卷十，一般認爲此卷爲王引之所作。墨批上限是否在《廣雅疏證》分工之後，值得懷疑。王念孫於晚年仍不忘完成《山海經》的批校工作，廣徵博引，足見他對早年此項工作的重視和牽念。

總之，王念孫手批本《山海經》雖輾轉流經多人之手，幸未毀於兵燹，現仍完好藏於國家圖書館。書中眉批分朱、墨二色，皆出自王念孫之手，朱色校記大概作於王念孫供職工部都水司之後、《河源紀略》纂修之前，乃爲《河源紀略》纂修所做的準備工作，墨批則大概撰於王念孫晚年。王引之《石臞府君行狀》記《河源紀略》中《辨訛》一門出自王念孫之手，經與《山海經》中王念孫朱批參核，所言非虛。王念孫校勘《山海經》時年未及四十，但許多晚年的校勘方法在此書中已熟練運用，包括本書互校、注重內證，博稽異同、廣引他書，因聲求義、重視聲韻，融合貫通、舉一反三等。王念孫《山海經》校勘成果多有畢沅、郝懿行等未及者，具有較高文獻價值。

目録

山海經

〔晋〕郭璞 注
〔清〕王念孫 批校

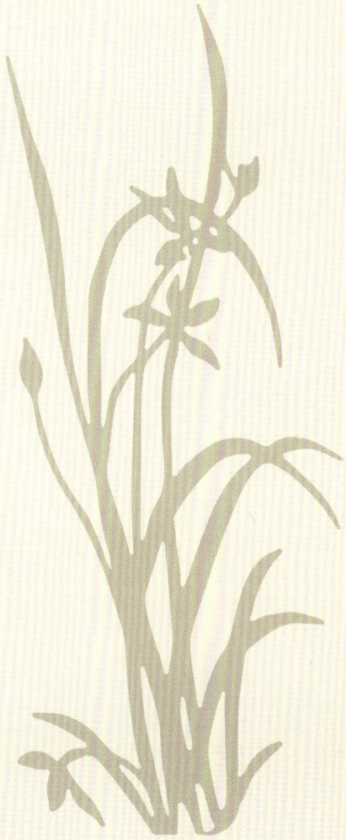

底本爲中國國家圖書館藏清康熙項絪羣玉書堂刻本原書框高十八點一厘米寬十三點八厘米

王石臞先生手校項絪本山海経

鬱華閣藏

譻父題簽

光緒十七年二月既望從　伯羲前輩叚讀用明吳琯

本校臨一過武進費念慈記

上山海經奏

侍中奉車都尉光禄大夫臣秀領校祕書言校祕書太常屬臣望所校山海經凡三十二篇今定爲一十八篇已定山海經者出於唐虞之際昔洪水洋溢漫衍中國民人失據崎嶇於丘陵巢於樹木鯀既無功而帝堯使禹繼之禹乘四載隨山刊木定高山大川益與伯翳主驅禽獸命山川類草木別水土四岳佐之以周四方逮人跡之所希至及舟輿之所罕到内別五方之山外分八方之海紀其珍寶奇物異方之所生水土草木禽獸昆蟲麟鳳之所止禎祥之所隱及四海之外絕域之國殊類之人禹別九州任土作貢而益等類物善惡著山

海經皆聖賢之遺事古文之著明者也其事質明有信孝武皇帝時常有獻異鳥者食之百物所不肯食東方朔見之言其鳥名又言其所當食如朔言問朔何以知之即山海經所出也孝宣帝時擊磻石於上郡陷得石室其中有反縛盜械人時臣秀父向爲諫議大夫言此貳負之臣也詔問何以知之亦以山海經對其文曰貳負殺窫窳帝乃梏之疏屬之山桎其右足反縛兩手上大驚朝士由是多奇山海經者文學大儒皆讀學以爲奇可以考禎祥變怪之物見遠國異人之謡俗故易曰言天下之至賾而不可亂也博物之君子其可不惑焉

臣秀昧死謹上

山海經序

晉記室參軍郭璞撰

世之覽山海經者皆以其閎誕迂誇多奇怪俶儻之言莫不疑焉嘗試論之曰莊生有云人之所知莫若其所不知吾於山海經見之矣夫以宇宙之寥廓羣生之紛紜陰陽之煦蒸萬殊之區分精氣渾淆自相濆薄遊魂靈怪觸象而構流形於山川麗狀於木石者惡可勝言乎然則總其所以乖鼓之於一響成其所以變混之於一象世之所謂異未知其所以異世之所謂不異未知其所以不異何者物不自異待我而後異異果在我非物異也故胡人見布而疑黂越人見罽而駭毳夫翫所

習見而奇所希聞此人情之常蔽也今略舉可以明之者陽火出於氷水陰鼠生於炎山而俗之論者莫之或怪及談山海經所載而咸怪之是不怪所可怪而怪所不可怪也不怪所可怪則幾於無怪矣怪所不可怪則未始有可怪也夫能然所不可不可所不可然則理無不然矣案汲郡竹書及穆天子傳穆王西征見西王母執璧帛之好獻錦組之屬穆王享王母於瑤池之上賦詩往來辭義可觀遂襲崑崙之丘遊軒轅之宮眺鍾山之嶺玩帝者之寶勒石王母之山紀迹玄圃之上乃取其嘉木豔草奇鳥怪獸玉石珍瑰之器金膏燭銀之寶歸而殖養之於中國穆王駕八駿之乘右服盜驪左驂

騄耳造父爲御奔戎爲右萬里長騖以周歷四荒名山大川靡不登濟東升大人之堂西燕王母之廬南轢黿鼉之梁北躡積羽之衢窮歡極娛然後旋歸案史記說穆王得盜驪騄耳驊騮之驥使造父御之以西巡狩見西王母樂而忘歸亦與竹書同左傳曰穆王欲肆其心使天下皆有車轍馬迹焉竹書所載則是其事也而譙周之徒足爲通識瑰儒而雅不平此驗之史考以著其妄司馬遷敘大宛傳亦云自張騫使大夏之後窮河源惡覩所謂崑崙者乎至禹本紀山海經所有怪物余不敢言也不亦悲乎若竹書不潛出於千載以作徵於今日者則山海之言其幾乎廢矣若乃東方生曉畢方之

名劉子政辨盜械之尸王頎訪兩面之客海民獲長臂之衣精驗潛效絕代縣符於戲羣惑者其可以少寤乎是故聖皇原化以極變象物以應怪鑒無滯賾曲盡幽情神焉廋哉神焉廋哉蓋此書跨世七代歷載三千雖暫顯於漢而尋亦寢廢其山川名號所在多有舛謬與今不同師訓莫傳遂將湮泯道之所存俗之所喪悲夫余有懼焉故爲之創傳疏其壅閡闢其茀蕪領其玄致標其洞涉庶幾令逸文不墜於世奇言不絕於今夏后之迹靡刊於將來八荒之事有聞於後裔不亦可乎夫蘙薈之翔叵以論垂天之凌蹏涔之遊無以知絳虬之騰鈞天之庭豈伶人之所躡無航之津豈蒼兕之所涉

非天下之至通難與言山海之義矣於戲達觀博物之
客其鑒之哉

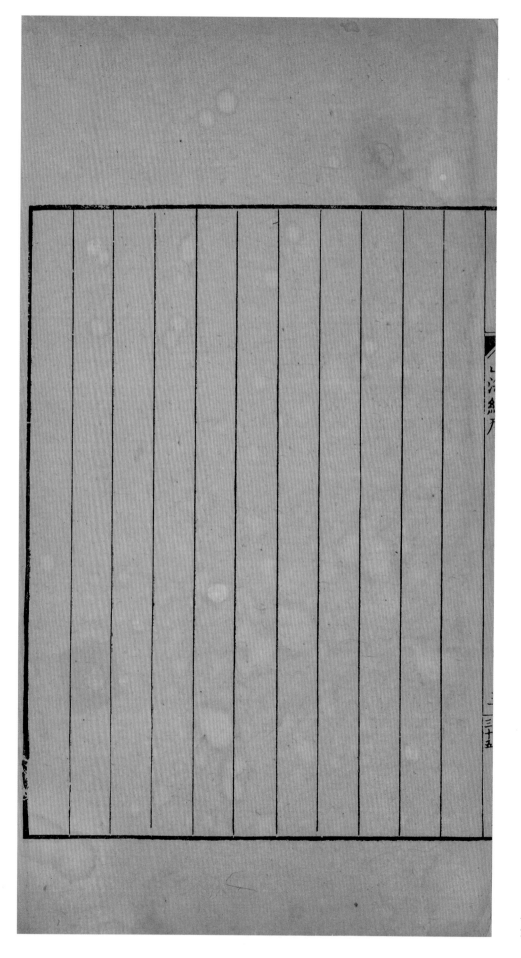

山海經後序

左傳曰昔夏氏之方有德也遠方圖物貢金九牧鑄鼎象物物物而爲之備使民知神姦入山林不逢不若魑魅魍魎莫能逢之此山海經之所由始也神禹既錫玄圭以成水功遂受舜禪以家天下於是乎收九牧之金以鑄鼎鼎之象則取遠方之圖山之奇水之奇草之奇木之奇禽之奇獸之奇說其形著其生別其性分其類其神奇殊彙駭世驚聽者或見或聞或恒有或時有或不必有皆一一書焉蓋其經而可守者具在禹貢奇而不法者則備在九鼎九鼎既成以觀萬國同彼象魏之日使耳而目之脫輶軒之使重譯之貢續有呈焉固

以為恒而不怪矣此聖王明民牖俗之意也夏后氏之世雖曰尚忠而文反過於成周太史終古藏古今之圖至桀焚黃圖終古乃抱之以歸殷又史言孔甲于黃帝姚姒盤盂之銘皆緝之以為書則九鼎之圖其傳固出于終古孔甲之流也謂之曰山海圖其文則謂之山海經至秦而九鼎亡獨圖與經存晉陶潛詩流觀山海圖阮氏七錄有張僧繇山海圖可證已今則經存而圖亡後人因其義例而推廣之益以秦漢郡縣地名故讀者疑信相半信者直以為禹益所著既迷其原而疑者遂斥為後人贋作詭撰抑亦軌矣漢劉歆七略所上其文古矣晉郭璞注釋所序其說奇矣此書之傳二子之功

與但其著作之原後學或忽故著其說附之策尾成都
楊慎

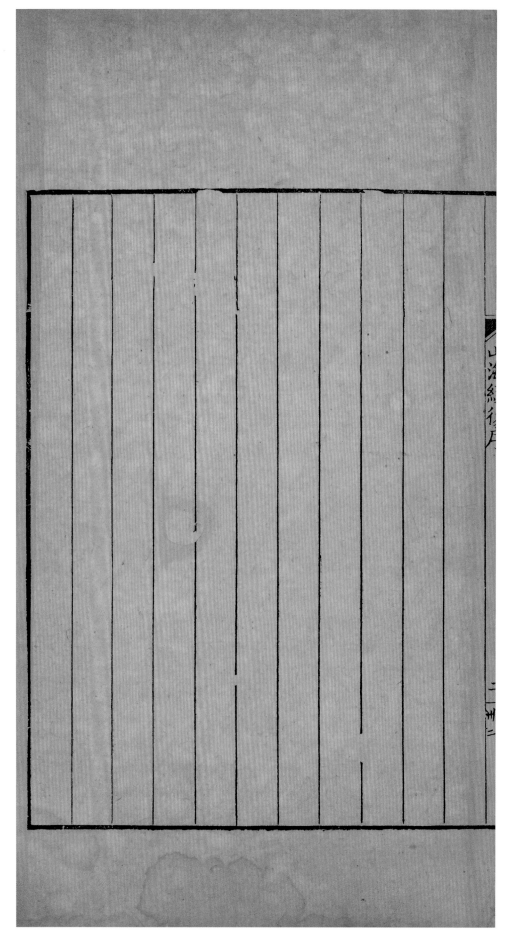

山海經目録

山海經目録

山海經目録

歙縣項絪校刊

山海經第一

晉　郭璞傳

南山經

南山經之首曰䧿山其首曰招搖之山臨于西海之上在蜀伏山山南之西頭濱西海也多桂桂葉似枇杷長二尺餘廣數寸味辛白花叢生山峯冬夏常青間無雜木呂氏春秋曰招搖之桂多金玉有草焉其狀如韭璨曰韭音九爾雅云霍山亦多之而青花其名曰祝餘或作桂荼食之不飢有木焉其狀如穀而黑理穀楮也皮作紙璨曰穀亦名構名穀者以其實如穀也其花四照言有光䱁也若木華赤其光照地亦此類也見離騷經其名曰迷穀佩之不迷有獸焉其狀如禺而白耳禺似獼猴而大赤目長尾今江南山中多有說者不了此物名禺作牛字圖亦作牛形或作猴皆失之也禺字音遇伏行人走其名曰狌狌食之

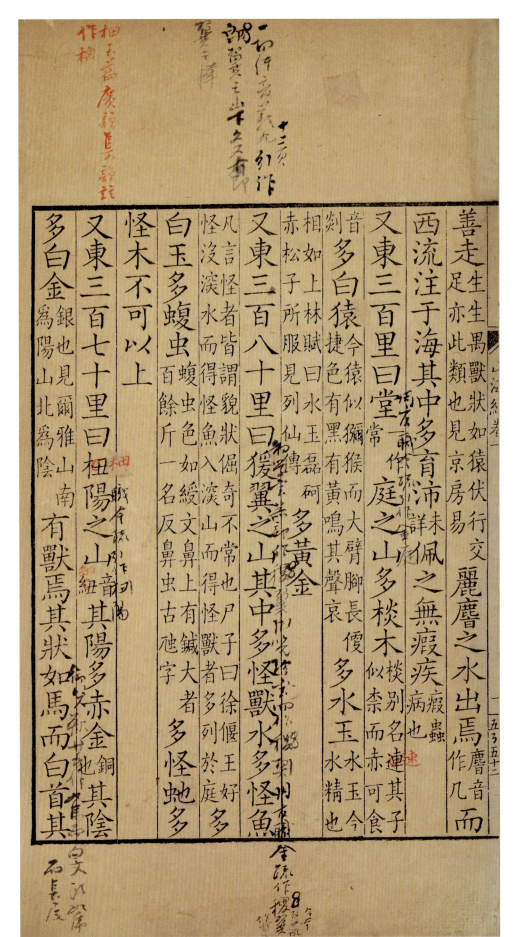

善走生生禺獸狀如猨伏行交足亦此類也見京房易麗𪊨之水出焉𪊨音作几而

西流注于海其中多育沛未詳佩之無瘕疾瘕蟲病也

又東三百里曰堂常庭之山多棪木棪别名連其子似柰而赤可食音剡多白猿今猿似獼猴而大臂脚長便捷色有黑有黃鳴其聲哀多水玉水玉今水精也相如上林賦曰水玉磊砢赤松子所服見列仙傳多黃金

又東三百八十里曰猨翼之山其中多怪獸水多怪魚凡言怪者皆謂貌狀倔奇不常也尸子曰徐偃王好怪没湊水而得怪魚入湊山而得怪獸者多列於庭多白玉多蝮虫蝮虫色如綬文鼻上有鍼大者百餘斤一名反鼻虫古虺字多怪蛇多怪木不可以上

又東三百七十里曰杻陽之山音紐其陽多赤金銅也其陰多白金銀也見爾雅山南爲陽山北爲陰有獸焉其狀如馬而白首其

文如虎而赤尾其音如謠如人歌聲其名曰鹿蜀佩之宜子
孫佩謂帶其皮毛怪水出焉而東流注于憲翼之水其中多玄
龜其狀如龜而鳥首虺尾虺尾銳其名曰旋龜其音如判
木如破木聲佩之不聾可以爲底底躪也爲猶治也外傳曰疾不可爲一作底猶病愈
也

又東三百里柢山柢音帶多水無草木有魚焉其狀如牛
陵居蛇尾有翼其羽在魼下亦作脅其音如留牛莊子曰執犂之
狗謂此牛也穆天子傳曰天子之狗執虎豹其名曰鯥音六冬死而夏生此亦蟄類
也謂之死者言其蟄無所知如死耳食之無腫疾

又東四百里曰亶爰之山亶音蟬多水無草木不可以上言崇
陗也有獸焉其狀如貍而有髦其名曰類類或作沛髦或作髮自

善走生生禺獸狀如猿伏行交足亦此類也見京房易麗麿之水出焉麿音作几而西流注于海其中多育沛未詳佩之無瘕疾瘕蟲病也又東三百里曰堂常庭之山多棪木棪別名連其子似柰而赤可食音剡多白猿今猿似獮猴而大臂腳長便捷色有黑有黃鳴其聲哀多水玉水玉今水精也相如上林賦曰水玉磊砢赤松子所服見列仙傳多黃金又東三百八十里曰猨翼之山其中多怪獸水多怪魚凡言怪者皆謂貌狀倔奇不常也尸子曰徐偃王好怪沒深水而得怪魚入深山而得怪獸者多列於庭多白玉多蝮虫蝮虫色如綬文鼻上有鍼大者百餘斤一名反鼻虫古虺字多怪蛇多怪木不可以上又東三百七十里曰杻陽之山音紐其陽多赤金銅也其陰多白金銀也見爾雅山南爲陽山北爲陰有獸焉其狀如馬而白首其

而以爲底　注底蹢也

今按某底當爲祇蹢當爲蹢祇集韻胝或作祇蹢也與胝同漢書貢禹傳手足胼胝引

蹯曰胝蹢也宋策百舍重蹢高誘注曰重蹢累胝也蹢蹢古形相似故蹢

誤爲蹢後人又加足作蹢耳又莊子釋文引嗼胝与胈李云司馬崔三

蒼頡注曰胝蹢也蹢亦蹢字之誤蹢誤爲蹢正與此注同

猳可病名

。一作底狀病合也

爲某一作底當爲一作已廣雅爲已瘉也瘉与愈同故曰爲一作

已狀病愈也中次七經有大騩之山有草名曰蓯可以爲瘦病郭注爲一作已是其

證

今作楠

某玉篇廣韻並以楠爲俗柟字獨孝郭注亦無言今作某蓋此注內今

作楠三字疑後人所加

而南流注于海　水北又數處

某衍一水字

爲牝牡食者不妒（莊子亦曰類自爲雌雄而化今貆豬亦自爲雌雄）

又東三百里曰基山其陽多玉其陰多怪木有獸焉其狀如羊九尾四耳其目在背其名曰猼訑（博施二音施一作陁）佩之不畏（不知恐畏）有鳥焉其狀如雞而三首六目六足三翼其名曰鵸鵌（鵸鵌急性敞字二音）食之無臥（使人少眠）

又東三百里曰青丘之山（亦有青丘國在海外水經云即上林賦云秋田於青丘）其陽多玉其陰多青雘（雘黝屬音瓠）有獸焉其狀如狐而九尾（即九尾狐）其音如嬰兒能食人食者不蠱（噉其肉令人不逢妖邪之氣或曰蠱蠱毒）有鳥焉其狀如鳩其音若呵（如人相呵呼聲）名曰灌灌（或作濩濩）佩之不惑英水出焉南流注于即翼之澤其中多赤鱬（音儒）其狀如魚而人面其音如鴛鴦食之不疥（一作疾）

又東三百五十里曰箕尾之山其尾踆于東海多沙石踆古蹲字言臨海上音存汸水出焉音芳而南流注于淯音育其中多白玉

凡䧿山之首自招搖之山以至箕尾之山凡十山二千九百五十里其神狀皆鳥身而龍首其祠之禮毛言擇牲取其毛色也周官曰陽祀用騂牲之毛用一璋玉瘞半珪爲璋瘞薶也糈用稌米糈祀神之米名先呂反今江東音所一音壻稌稌稻也他覩反糈或作疏非也一璧稻米白菅爲席菅茅屬也音間

南次二經之首曰柜山音矩西臨流黃北望諸毗東望長右皆山名英水出焉西南流注於赤水其中多白玉尸子曰水方折者有玉員折者有珠多丹粟細丹砂如粟也有獸焉其狀如豚有距其

音如狗吠其名曰狸力見則其縣多土功有鳥焉其狀如鴟而人手其脚如人手鴟音處脂反其音如痺未詳其名曰鴸音株其鳴自號也見則其縣多放士放放逐或作效也

東南四百五十里曰長右之山無草木多水有獸焉其狀如禺而四耳其名長右以山出此獸因以名之其音如吟如人呻吟聲見則郡縣大水

又東三百四十里曰堯光之山其陽多玉其陰多金有獸焉其狀如人而彘鬣穴居而冬蟄其名曰猾褢滑懷兩音其音如斲木如人斫木聲見則縣有大繇謂作役也或曰其縣亂

又東三百五十里曰羽山今東海祝其縣西南有羽山即鯀所殛處計其道里不相應似非也其下多水其上多雨無草木多蝮虫蚖也

又東三百七十里曰濯父之山音勑無草木多金玉

又東四百里曰句餘之山無草木多金玉今在會稽餘姚縣南句餘縣北故此二縣因此爲名云見張氏地里志

又東五百里曰浮玉之山北望具區具區今吳縣西南太湖也尚書謂之震澤東望諸毗水名有獸焉其狀如虎而牛尾其音如吠犬其名曰彘是食人苕水出于其陰北流注于具區其中多鮆魚鮆魚狹薄而長頭大者尺餘太湖中今饒之一名刀魚音祚啓反

又東五百里曰成山四方而三壇形如人築壇相累也成亦重耳其上多金玉其下多青雘閡水出焉音涿而南流注于一作流注于西虖勺虖音呼勺或作多下同其中多黃金今永昌郡水出金如糠在沙中尸子曰清水出黃金玉英

又東五百里曰會稽之山四方今在會稽郡山陰縣南上有禹冢及井其上多金玉其下多砆石砆武夫石似玉今長沙臨湘出之赤地白文色龍葱不分明勺水出焉而南流注于湨音鶪

又東五百里曰夸山無草木多沙石湨一作淏水出焉而南流注于列塗

又東五百里曰僕勾一作夕之山其上多金玉其下多草木無鳥獸無水

又東五百里曰咸陰之山無草木無水

又東四百里曰洵一作旬山其陽多金其陰多玉有獸焉其狀如羊而無口不可殺也稟氣自然其名曰䍺音還或音患洵水出焉音詢而南流注于閼之澤音遏其中多芘蠃紫色螺也

又東四百里曰虖勺之山其上多梓枏梓山楸也枏大木葉似桑今作柟音南爾雅以爲梅其下多荆杞杞苟杞也子赤滂水出焉音滂沱之滂而東流注于海

又東五百里曰區吴之山無草木多砂石鹿水出焉而南流注于滂水

又東五百里曰鹿吴之山上無草木多金石澤更之水出焉而南流注于滂水水有獸焉名曰蠱雕蠱或作纂其狀如雕而有角雕似鷹而大尾長翅其音如嬰兒之音是食人

東五百里曰漆吴之山無草木多博石無玉可以爲博碁石處于東海望丘山其光載出載入神光之所潛燿是惟日次是日景之所次舍

又東五百里曰會稽之山四方今在會稽郡山陰縣南上有禹冢及井其上多金玉其下多砆石砆武夫石似玉今長沙臨湘出之赤地白文色蘢葱不分明勺水出焉而南流注于湨音鵙

又東五百里曰夸山無草木多沙石湨一作湞水出焉而南流注于列塗

又東五百里曰僕勾一作夕之山其上多金玉其下多草木無鳥獸無水

又東五百里曰咸陰之山無草木無水

又東四百里曰洵一作旬山其陽多金其陰多玉有獸焉其狀如羊而無口不可殺也稟氣自然其名曰䍺音還或音患洵水出焉音詢而南流注于閼之澤音遏其中多芘蠃紫色螺也

是惟日次 一三五
實惟帝之平圃 二三九 實惟員神磈氏之宮 十二 實惟帝之下都 十三
實惟河原 三三四 實惟槐江河 九 實惟帝之密都 五三四 實惟河
三九都

百

干東海望丘山其光載出載入神光之所潛耀是惟日次是日景之所次舍

山海經卷二

五

凡南次二經之首自柜山至于漆吴之山凡十七山七千二百里其神狀皆龍身而鳥首其祠毛用一璧瘞糈用稌稻穬也

南次三經之首曰天虞之山其下多水不可以上

東五百里曰禱過之山其上多金玉其下多犀兕犀似水牛猪頭庳脚脚似象有三蹏大腹黑色三角一在頂上一在額上一在鼻上在鼻上者小而不墮食角也好噉棘口中常灑血沫兕亦似水牛青色一角重三千斤多象象獸之最大者長鼻大者牙長一丈性妒不畜淫子有鳥焉其狀如鵁鵁似鳧而小脚近尾音骹箭之骹而白首三足或作手人面其名曰瞿如音劬其鳴自號也泿水出焉音銀而南流注于海其中有虎蛟蛟似虵四足龍屬其狀魚身而虵尾其首如鴛鴦食者不腫可以已痔

又東五百里曰丹穴之山其上多金玉丹水出焉而南流注于渤海渤海海岸曲崎頭也有鳥焉其狀如雞五采而文名曰鳳皇首文曰德翼文曰義背文曰禮膺文曰仁腹文曰信是鳥也飲食自然自歌自舞見則天下安寧漢時鳳皇數出高五六尺五采莊周說鳳文字與此有異廣雅云鳳雞頭鷰頷蛇頸龜背魚尾雌曰皇雄曰鳳

又東五百里曰發爽一作器之山無草木多水多白猿汎水出焉而南流注于渤海

又東四百里至于旄山之尾其南有谷曰育遺或作隧多怪鳥廣雅云鵕鶴鵬朋爰居鵾雀皆怪鳥之屬也凱風自是出凱風南風

又東四百里至于非山之首其上多金玉無水其下多蝮虫

又東五百里曰陽夾之山無草木多水

又東五百里曰灌湘之山上多木無草多怪鳥無獸（一作灌湖射之山）

又東五百里曰雞山其上多金其下多丹雘（雘赤色者或曰雘美丹也見尚書音尺蠖之蠖）黑水出焉而南流注于海其中有鱄魚（音團扇之團）其狀如鮒而彘毛其音如豚見則天下大旱

又東四百里曰令丘之山無草木多火其南有谷焉曰中谷條風自是出（東北風爲條風記曰條風至出輕繫督逋留）有鳥焉其狀如梟人面四目而有耳其名曰顒（音娛）其鳴自號也見則天下大旱

又東三百七十里曰侖者之山（音論說之論一音倫）其上多金玉

其下多青雘有木焉其狀如穀而赤理其汗如漆其味如飴食者不飢可以釋勞其名曰白䓘（或作睪蘇睪蘇一名白䓘見廣雅音羔）可以血玉（血謂可用染玉作光彩）

又東五百八十里曰禺槀之山多怪獸多大蛇

又東五百八十里曰南禺之山其上多金玉其下多水有穴焉水出輒入夏乃出冬則閉佐水出焉而東南流注于海有鳳皇鵷雛（亦鳳屬）

凡南次三經之首自天虞之山以至南禺之山凡一十四山六千五百三十里其神皆龍身而人面其祠皆一白狗祈（祈請禱也）糈用稌

右南經之山志大小凡四十山萬六千三百八十里

山海經第一

歙縣項絪校刊

山海經第二

西山經

晉　郭　璞　傳

西山經華山之首曰錢來之山其上多松其下多洗石澡洗可以磢體去垢圿磢初兩反有獸焉其狀如羊而馬尾名曰羬羊今大月氏國有大羊如驢而馬尾爾雅云羊六尺爲羬謂此羊也羬音鍼其脂可以已腊治體皴腊音昔

西四十五里曰松果之山濩水出焉北流注于渭其中多銅有鳥焉其名曰䳋渠䳋音彤弓之彤其狀如山雞黑身赤足可以已暴謂皮皴起也音叵駮反

又西六十里曰太華之山即西岳華陰山也今在弘農華陰縣西南削成而

四方今山形上大下小陗峻也其高五千仞其廣十里仞八尺也上有明星玉女持玉漿得上服之即成仙道險僻不通詩含神霧云鳥獸莫居有虵焉名曰肥遺六足四翼見則天下大旱湯時此虵見於陽山下復有肥遺虵疑是同名

又西八十里曰小華之山即少華山其木多荆杞其獸多㸲牛今華陰山中多山牛山羊肉皆千斤牛即此牛也音昨其陰多磬石可以爲樂石其陽多㻬琈之玉㻬琈玉名所未詳也㻬浮兩音鳥多赤鷩赤鷩山雞之屬胷腹洞赤冠金背黃頭綠尾中有赤毛彩鮮明音作蔽或作鼈可以禦火其草有萆荔萆荔香草也蔽戾二音狀如烏韭而生於石上亦緣木而生烏韭在屋者曰昔邪在牆者曰垣衣食之已心痛

又西八十里曰符禺之山其陽多銅其陰多鐵其上有木焉名曰文莖其實如棗可以已聾其草多條其狀如

葵而赤花黃實如嬰兒舌食之使人不惑符禺之水出焉而北流注于渭其獸多蔥聾其狀如羊而赤鬣其鳥多鴖音旻其狀如翠而赤喙翠似燕而紺色也可以禦火畜之辟火災也

又西六十里曰石脆之山其木多椶柟椶樹高三丈許無枝條葉大而員枝生梢頭實皮相裹上行一皮者爲一節可以爲繩一名栟櫚音馬騣之騣其草多條其狀如韭而白華黑實食之已疥其陽多㻬琈之玉其陰多銅灌水出焉而北流注于禺水其中有流赭赭赤土以塗牛馬無病今人亦以朱塗牛角云以辟惡馬或作角

又西七十里曰英山其上多杻橿杻似棣而細葉一名土橿音紐橿木中車材音姜其陰多鐵其陽多赤金禺水出焉北流注于招水音韶其中多鮮魚音同蚌蛤之蚌其狀如鼈其音如羊其陽多箭

䈁今漢中郡出䈁竹厚裏而長節根深筍冬生地中人掘取食之䈁音媚其獸多㸲牛羬羊有鳥焉其狀如鶉黃身而赤喙其名曰肥遺食之已癘癘疫病也或曰惡創韓子曰癘人憐王可以殺蟲

又西五十二里曰竹山其上多喬木枝上竦者音橋其陰多鐵有草焉其名曰黃雚其狀如樗其葉如麻白華而赤實其狀如赭紫赤色浴之已疥又可以已胕治胕腫也音符竹水出焉北流注于渭其陽多竹箭箭篠也多蒼玉丹水出焉今所在有丹水東南流注于洛水其中多水玉多人魚如鯑魚四脚有獸焉其狀如豚而白毛大如笄而黑端笄簪屬名曰毫彘貆豬也夾髀有麗豪長數尺能以脊上豪射物亦自爲牝牡貆或作貑吳楚呼爲鸞豬亦此類也

又西百二十里曰浮山多盼木音美目盼兮之盼枳葉而無傷

枳刺鍼也能傷人故名云木蟲居之（在樹之中）有草焉名曰薰（音訓）草麻葉而方莖赤華而黑實臭如蘼蕪（蘼蕪香草易曰其臭如蘭眉無兩音）佩之可以已癘

又西七十里曰羭次之山（音臾）漆水出焉（今漆水出岐山）北流注于渭其上多棫橿（棫白桵也音域）其下多竹箭其陰多赤銅其陽多嬰垣之玉（垣或作短或作根或作埋傳寫謬錯未可得詳）有獸焉其狀如禺而長臂善投其名曰囂（亦在畏獸畫中似獼猴投擲也）有鳥焉其狀如梟人面而一足曰橐𩇯（音肥）冬見夏蟄服之不畏雷（著其毛羽令人不畏天雷也或作災）

又西百五十里曰時山無草木逐（或作遂）水出焉北流注於渭其中多水玉

又西百七十里曰南山上多丹粟丹水出焉北流注于渭獸多猛豹[猛豹似熊而小毛淺有光澤能食蛇食銅鐵出蜀中豹或作虎]鳥多尸鳩[尸鳩布穀類也或曰鴶鵴也鳩或作丘]

又西百八十里曰大時之山上多穀柞[柞櫟]下多杻橿陰多銀陽多白玉涔水出焉[音潛]北流注于渭清水出焉南流注于漢水[今河內修武縣縣北黑山亦出清水]

又西三百二十里曰嶓冢之山[今在武都氐道縣南嶓音波]漢水出焉而東南流注于沔[至江夏安陸縣入江即沔水]囂水出焉北流注于湯水[或作陽]其上多桃枝鉤端[鉤端桃枝屬]獸多犀兕熊羆[羆似熊而黃白色猛憨能拔樹]鳥多白翰赤鷩[白翰白鵫也亦名鵫雉又曰白雉]有草焉其葉如蕙[蕙香草蘭屬也或以蕙爲薰葉失之音惠]其本如桔梗[本根也]黑華

而不實名曰䔄蓉爾雅釋草曰榮而不實謂之䔄音骨食之使人無子

又西三百五十里曰天帝之山上多椶枏下多菅蕙菅茅類也有獸焉其狀如狗名曰谿或作谷邊或作遺席其皮者不蠱有鳥焉其狀如鶉黑文而赤翁翁頭下毛音汲瓮之瓮名曰櫟音沙礫之礫食之已痔有草焉其狀如葵其臭如蘼蕪名曰杜衡香草也可以走馬帶之令人便馬或曰馬得之而健走食之已癭

西南三百八十里曰皋塗之山薔音色或作蕢又作蓄水出焉西流注于諸資之水塗水出焉南流注于集獲之水其陽多丹粟其陰多銀黃金其上多桂木有白石焉其名曰礜可以毒鼠今礜石殺鼠音豫蠶食之而肥有草焉其狀如槀茇槀茇香草其葉如葵而赤背名曰無條可以毒鼠有獸焉其狀如

鹿而白尾馬足人手前兩脚似人手而四角名曰玃如音假玃之玃

有鳥焉其狀如鴟而人足名曰數斯食之已瘻或作癎

又西百八十里曰黃山今始平槐里縣有黃山上故有宮漢惠帝所起疑非此無

草木多竹箭盼水出焉音美目盼兮之盼西流注于赤水其中

多玉有獸焉其狀如牛而蒼黑大目其名曰𤛎音敏有鳥

焉其狀如鴞青羽赤喙人舌能言名曰鸚䳇鸚䳇舌似小兒舌脚指前後各兩扶南徼外出五色者亦有純赤白者大如鴈也

又西二百里曰翠山其上多椶柟其下多竹箭其陽多

黃玉其陰多旄牛麢麝麢似羊而大角細食好在山崖間麝似獐而小有香其鳥

多鸓音壘其狀如鵲赤黑而兩首四足可以禦火

又西二百五十里曰騩山音巍一音隗䫋之隗是錞于西海錞猶隄埻

也音章閏反無草木多玉淒水出焉或作浽西流注于海其中
多采石黃金采石石有采色者今雌黃空青綠碧之屬多丹粟
凡西經之首自錢來之山至于騩山凡十九山二千九
百五十七里華山冢也冢者神鬼之所舍也其祠之禮太牢牛羊豕爲
太牢羭山神也祠之用燭或作煬齋百日以百犧牲純色者爲犧瘞
用百瑜瑜亦美玉名音臾湯或作溫其酒百樽溫酒令熱嬰以百珪百
璧嬰謂陳之以環祭也或曰嬰卽古罌字謂盂也徐州云穆天子傳曰黃金之嬰之屬也
其餘十七山之屬皆毛牷用一羊祠之牷謂牲體全具也左傳曰牷牲
肥腯者也燭者百草之未灰白蓆采等純之純緣也五色純之等差其文綵
也周禮莞席紛純
西次二經之首曰鈐山音髡鉗之鉗或作冷又作塗其上多銅其下

多玉其木多杻橿
西二百里曰泰或作秦冒之山其陽多金其陰多鐵浴水出焉東流注于河其中多藻玉藻玉玉有符彩者或作柬音練多白蛇水蛇

又西一百七十里曰數歷之山其上多黃金其下多銀其木多杻橿其鳥多鸚䳇楚水出焉而南流注於渭其中多白珠今蜀郡平澤出青珠尸子曰水員折者有珠

又西百五十里曰高山其上多銀其下多青碧碧亦玉類也今越嶲會稽縣東山出碧雄黃晉太興三年高平郡界有山崩其中出數千斤雄黃其木多椶其草多竹涇水出焉音經而東流注于渭今涇水出安定朝那縣西笄頭山至京兆高陵縣入渭也其中多磬石書曰泗濱浮磬是也青碧

西南三百里曰女牀之山其陽多赤銅其陰多石涅即礬石也楚人名爲涅石秦名爲羽涅也本草經亦名曰涅石也其獸多虎豹犀兕有鳥焉其狀如翟而五彩文翟似雉而大長尾或作鷄鸐鳥屬也名曰鸞鳥見則天下安寧舊說鸞似雞瑞鳥也周成王時西戎獻之

又西二百里曰龍首之山其陽多黃金其陰多鐵苕水出焉東南流注于涇水其中多美玉

又西二百里曰鹿臺之山今在上郡其上多白玉其下多銀其獸多㸲牛羬羊白豪豪貆豬也有鳥焉其狀如雄雞而人面名曰鳧徯其名自叫也見則有兵

西南二百里曰鳥危之山其陽多磬石其陰多檀楮楮即穀木其中多女牀未詳鳥危之水出焉西流注于赤水其中

多丹粟

又西四百里曰小次之山其上多白玉其下多赤銅有獸焉其狀如猿而白首赤足名曰朱厭見則大兵（一作見則有兵起焉一作見則爲兵）

又西三百里曰大次之山其陽多堊（堊似土色甚白音惡）其陰多碧其獸多㸲牛麢羊

又西四百里曰薰吳之山無草木多金玉

又西四百里曰㡰陽之山（音旨）其木多稷柟豫章（稷似松有刺細理音即豫章大木似楸葉冬夏青生七年而後復可知也）其獸多犀兕虎犳㸲牛（犳音之藥反）

又西二百五十里曰衆獸之山其上多㻬琈之玉其下

多檀楮多黃金其獸多犀兕
又西五百里曰皇人之山其上多金玉其下多青雄黃即雄黃也或曰空青曾青之屬皇水出焉西流注于赤水其中多丹粟
又西三百里曰中皇之山其上多黃金其下多蕙棠形棠之屬也蕙或作羔
又西三百五十里曰西皇之山其陽多金其陰多鐵其獸多麋鹿牸牛麋大如小牛鹿屬也
又西三百五十里曰萊山其木多檀楮其鳥多羅羅是食人羅羅之鳥所未詳也
凡西次二經之首自鈐山至于萊山凡十七山四千一百四十里其十神者皆人面而馬身其七神皆人面牛

身四足而一臂操杖以行是爲飛獸之神其祠之毛用少牢（羊豬爲少牢也）白菅爲席其十輩（音背）神者其祠之毛一雄雞鈐而不糈（鈐所用祭器名所未詳也或作思訓祈不糈祠不以米）毛采（言用雜色雞也）

西次三經之首曰崇吾之山在河之南北望冢遂（山名）南望䍃之澤（音遙）西望帝之搏獸之山（搏或作簿）東望𧒂（音於然反）淵有木焉員葉而白柎（今江東人呼草木子房爲柎音府一曰柎花下鄂音丈夫字或作柎音符）赤華而黑理其實如枳食之宜子孫有獸焉其狀如禺而文臂豹虎而善投名曰舉父（或作夸父）有鳥焉其狀如鳧而一翼一目相得乃飛名曰蠻蠻（比翼鳥也色青赤不比不能飛爾雅作鶼鶼鳥也）見則天下大水

西北三百里曰長沙之山泚水出焉（音紫）北流注於泑水

烏交反又音黝水色黑也無草木多青雄黃

又西北三百七十里曰不周之山此山形有缺不周帀處因名云西北不周風自此山出北望諸毗之山臨彼嶽崇之山東望泑澤河水所潛也其源渾渾泡泡河南出崑崙潛行地下至蔥嶺出于闐國復分流岐出合而東流注泑澤已復潛行南出於積石山而爲中國河也名泑澤即蒲澤一名蒲昌海廣三四百里其水停冬夏不增減去玉門關三百餘里即河之重源所謂潛行也渾渾泡泡水濆涌之聲也袞咆二音爰有嘉果其實如桃其葉如棗黃華而赤柎食之不勞

又西北四百二十里曰峚山音密其上多丹木員葉而赤莖黃華而赤實其味如飴食之不飢丹水出焉西流注于稷澤后稷神所馮因名云其中多白玉是有玉膏其源沸沸湯湯玉膏涌出之貌也河圖玉版曰少室山其上有白玉膏一服即仙矣亦此類也沸音拂黃帝是

食是饗所以得登龍於鼎湖而龍蛻也於是生玄玉言玉膏中又出黑玉也玉膏所出以灌丹木丹木五歲五色乃清言光鮮也五味乃馨言滋香也黃帝乃取峚山之玉榮謂玉華也離騷曰懷琬琰之華英又曰登崑崙兮食玉英汲冢書所謂苕華之玉或作食覲與兩音而投之鍾山之陽以爲玉種瑾瑜之玉爲良言最善也堅栗精密說玉理也禮記曰縝密以栗栗或作栗玉有栗文所謂穀璧也濁澤而有光濁謂潤厚五色發作言符彩互映色王子靈符應曰赤如雞冠黃如蒸栗白如割肪黑如醇漆玉之符彩也以和柔剛言玉協九德也天地鬼神是食是饗玉所以祈祭者言能動天地感鬼神君子服之以禦不祥今徼外出金剛石石屬而似金有光彩可以刻玉外國人帶之云辟惡氣亦此類也自峚山至于鍾山四百六十里其間盡澤也是多奇鳥怪獸奇魚皆異物焉

又西北四百二十里曰鍾山其子曰鼓此亦神名名之爲鍾山之子耳

其類皆見歸藏啓筮其狀如人面而龍身啓筮曰麗山之子青羽人面馬身亦似此狀也是與欽䲹音邳殺葆江於崑崙之陽葆或作祖帝乃戮之鍾山之東曰嶢音遙崖欽䲹化為大鶚鶚鵰屬也音愕其狀如鵰而黑文白首赤喙而虎爪其音如晨鵠晨鵠鶚屬猶云晨鳧耳說苑曰緤吠犬比奉晨鳧也見則有大兵鼓亦化為鵕鳥音俊其狀如鴟赤足而直喙黃文而白首其音如鵠見即其邑大旱穆天子傳云鍾山作舂字音同耳穆王北升此山以望四野曰鍾山是惟天下之高山也百獸之所聚飛鳥之栖也爰有赤豹白虎白鳥青鵰執犬羊食豕鹿穆王五日觀於鍾山乃為銘迹於縣圃之上以詔後世

又西百八十里曰泰器之山觀水出焉西流注于流沙是多文鰩魚音遙狀如鯉魚魚身而鳥翼蒼文而白首赤喙常行西海遊於東海以夜飛其音如鸞雞鸞雞鳥名未詳也或

（作欒）其味酸甘，食之已狂，見則天下大穰（豐穰收熟也。韓子曰：穰歲之秋）。

又西三百二十里，曰槐江之山。丘時之水出焉，而北流注于泑水。其中多蠃母（即蠂螺也）。其上多青雄黃，多藏琅玕黃金玉（琅玕，石似珠者。藏，猶隱也。郎干二音）。其陽多丹粟，其陰多采黃金銀。實惟帝之平圃（即玄圃也。穆天子傳曰：乃爲銘迹於玄圃之上，謂刊石紀功德，如秦皇漢武之爲者也）。神英招司之（司，主也。招音韶），其狀馬身而人面，虎文而鳥翼，徇于四海（徇謂周行也），其音如榴（音留，或作籀，此所未詳也）。南望崑崙，其光熊熊，其氣魂魂（皆光氣炎盛相焜燿之貌）。西望大澤，后稷所潛也（后稷生而靈智，及其終，化形遯此澤而爲之神，亦猶傳說騎箕尾也）。其中多玉，其陰多榣木之有若（榣木，大木也。言其上復生若木。大木之奇靈者爲若。見尸子。國語曰：榣木不生花也）。北望諸毗（山名），槐鬼離侖居之（離侖，其神名），鷹鸇之所宅也。

鶌亦鴟屬也莊周曰鴟鴉甘鼠穆天子傳云鍾山上有白鳥青雕皆此族類也東望恒山四成成亦重也爾雅云再成曰英也有窮鬼居之各在一搏搏猶脅也言羣鬼各以類聚處山四脅有窮其總號耳搏一作摶爰有瑤水其清洛洛水留下之貌也瑤音遙也有天神焉其狀如牛而八足二首馬尾其音如勃皇勃皇未詳見則其邑有兵

西南四百里曰崑崙之丘是實惟帝之下都天帝都邑之在下者也穆天子傳曰吉日辛酉天子升於崑崙之丘以觀黃帝之宮而封豐隆之葬以詔後世言增封於崑崙山之上神陸吾司之即肩吾也莊周曰肩吾得之以處大山也其神狀虎身而九尾人面而虎爪是神也司天之九部及帝之囿時主九城之部界天帝苑圃之時節也有獸焉其狀如羊而四角名曰土螻是食人有鳥焉其狀如蜂大如鴛鴦名曰欽原欽或作爰或作至也蠚

鳥獸則死蠚木則枯有鳥焉其名曰鶉鳥是司帝之百服（服器服也一曰服事也或作藏）有木焉其狀如棠（棠梨也）華黃赤實其味如李而無核名曰沙棠可以禦水食之使人不溺（言體浮輕也沙棠爲木不可得沈呂氏春秋曰果之美者沙棠之實銘曰安得沙棠刻以爲舟汎彼滄海以遨以遊）有草焉名曰蕡草（音頻）其狀如葵其味如葱食之已勞（呂氏春秋曰菜之美者崑崙之蘋）河水出焉（出山東北隅也）而南流東注于無達（山名）赤水出焉（出山東南隅也）而東南流注于氾天之水（氾天亦山名赤水所窮也穆天子傳曰遂宿於崑崙之側赤水之陽陽水北也氾浮劒反）洋水出焉（出山西北隅或作清）而西南流注于醜塗之水（醜塗亦山名也皆在南極穆天子傳曰戊辰濟洋水又曰觴天子洋水也）黑水出焉（亦出西北隅也）而西流于大杅（山名也穆天子傳曰乃封長肱於黑水之西河是惟崑崙鴻鷺之上以爲周室主杅音于）是多怪鳥獸（謂有一獸九首

[有一鳥六首之屬也]

又西三百七十里曰樂游之山桃水出焉西流注于稷澤是多白玉其中多䱻魚[音滑]其狀如蛇而四足是食魚

西水行四百里曰流沙二百里至于蠃母之山神長乘司之是天之九德也[九德之氣所生]其神狀如人而犳[之藥反]尾其上多玉其下多青石而無水

又西三百五十里曰玉山是西王母所居也[此山多玉石因以名云穆天子傳謂之羣玉之山見其山河無險四徹中繩先王之所謂策府寡草木無鳥獸穆王於是攻其玉石取玉版三乘玉器服物載玉萬隻以歸雙玉爲瑴半瑴爲隻]西王母其狀如人豹尾虎齒而善嘯蓬髮戴勝[蓬頭亂髮勝玉勝也音龐]是司天之厲及五殘[主知災厲五刑殘殺之氣也穆天子傳曰吉日甲子天子賓於西王母執玄珪白璧以見西王母獻錦組

百縷金玉百斤西王母再拜受之乙丑天子觴西王母於瑤池之上西王母爲天子謠曰白雲在天山陵自出道里悠遠山川間之將子無死尚復能來天子答之曰予還東土和理諸夏萬民均平吾顧見汝比及三年將復而野西王母又爲天子吟曰徂彼西土爰居其所虎豹爲羣烏鵲與處嘉命不遷我惟帝女彼何世民又將去子吹笙鼓簧中心翺翔世民之子惟天之望天子遂驅升於奄山乃紀迹於奄山之石而樹之槐眉曰西王母之山奄山即崦嵫山也案竹書穆王五十七年西王母來見賓於昭宮舜時西王母遣使獻玉環見禮三朝

有獸焉其狀如犬而豹文其角如牛或作羊其名曰狡其音如吠犬見則其國大穰晉太康七年邵陵扶夷縣檻得一獸狀如豹文有二角無前兩脚時人謂之狡疑非此有鳥焉其狀如翟而赤名曰胜遇音姓是食魚其音如錄音錄義未詳見則其國大水

又西四百八十里曰軒轅之丘無草木黃帝居此丘娶西陵氏女因號軒轅丘洵水出焉音詢南流注于黑水其中多丹粟多青雄

黃

又西三百里曰積石之山其下有石門河水冒以西流冒猶覆也積石山今在金城河關西南羌中河水行塞外東入塞內是山也萬物無不有焉水經引山海經云積石山在鄧林山東河所入也

又西二百里曰長留之山其神白帝少昊居之少昊金天氏帝摯之號也其獸皆文尾文或作長其鳥皆文首文或作長是多文玉石實惟員神磈音隗氏之宮是神也主司反景日西入則景反東照主司察之

又西二百八十里曰章莪之山無草木多瑤碧碧亦玉屬所爲甚怪多有非常之物有獸焉其狀如赤豹五尾一角其音如擊石其名如猙京氏易義曰音如石相擊音靜也有鳥焉其狀如鶴一

足赤文青質而白喙名曰畢方其鳴自叫也見則其邑有譌火譌亦妖訛字

又西三百里曰陰山濁浴之水出焉而南流注于蕃澤其中多文貝餘泉蚔之類也見爾雅有獸焉其狀如貍或作豹而白首名曰天狗其音如榴榴或作貓貓可以禦凶

又西二百里曰符惕之山音陽其上多椶柟下多金玉神江疑居之是山也多怪雨風雲之所出也

又西二百二十里曰三危之山今在燉煌郡尚書云竄三苗于三危是也三青鳥居之三青鳥主爲西王母取食者別自棲息於此山也竹書曰穆王西征至於青鳥所解也是山也廣員百里其上有獸焉其狀如牛白身四角其毫如披蓑蓑辟雨之衣也音梭其名曰獓狚傲噎二音是食人有鳥焉

一首而三身其狀如鸞其名曰鵸鵸似鵰黑文赤頸音洛下句或云扶獸則死扶木則枯應在上欽原下脫錯在此耳

又西一百九十里曰騩山其上多玉而無石神耆童居之耆童老童顓頊之子其音常如鍾磬其下多積蛇

又西三百五十里曰天山多金玉有青雄黃英水出焉而西南流注于湯谷有神焉其狀如黃囊赤如丹火體色黃而精光赤也六足四翼渾敦無面目是識歌舞實惟帝江也夫形無全者則神自然靈照精無見者則闇與理會其帝江之謂乎莊子所云中央之帝混沌爲儵忽所鑿七竅而死者蓋假此以寓言也

又西二百九十里曰泑山泑音黝黑之黝神蓐收居之亦金神也人面虎爪白尾執鉞見外傳云其上多嬰短之玉未詳其陽多瑾瑜之玉其

陰多青雄黃是山也西望日之所入其氣員日形員故其氣象亦然也神紅光之所司也其狀未聞

西水行百里至于翼望之山或作土無草木多金玉有獸焉其狀如狸一目而三尾名曰讙讙音歡或作原其音如奪百聲言其能作百種物聲也或曰奪百物名亦所未詳是可以禦凶服之已癉黃癉病也音旦有鳥焉其狀如烏三首六尾而善笑名曰鵸鵌猗餘兩音服之使人不厭不厭夢也周書曰服者不眯音莫禮反或曰眯眯目也又可以禦凶

凡西次三經之首崇吾之山至于翼望之山凡二十三山六千七百四十四里其神狀皆羊身人面其祠之禮用一吉玉瘞吉玉加采色者也尸子曰吉玉大龜糈用稷米

西次四經之首曰陰山上多穀無石其草多茆蕃茆鳬葵也蕃青蕃似莎而大茆煩兩音陰水出焉西流注于洛

北五十里曰勞山多茈草一名茈莀中染紫也弱水出焉而西流注于洛

西五十里曰罷父之山洱水出焉音耳而西流注于洛其中多茈碧

北百七十里曰申山其上多穀柞其下多杻橿其陽多金玉區水出焉而東流注于河

北二百里曰鳥山其上多桑其下多楮其陰多鐵其陽多玉辱水出焉而東流注于河

又北百二十里曰上申之山上無草木而多硌石硌磊硌大

石貌也音洛下多榛楛榛子似栗而小味美楛木可以爲箭詩云榛楛濟濟臻怙兩音獸多
白鹿其鳥多當扈或作戶其狀如雉以其髯飛髯咽下須毛也食
之不眴目音眩湯水出焉東流注于河
又北百八十里曰諸次之山諸次之水出焉而東流注
于河是山也多木無草鳥獸莫居是多衆蛇
又北百八十里曰號山其木多漆椶漆樹似樗也其草多葯
虈芎藭葯白芷別名虈香草也芎藭一名江蘺葯音烏較反多泠石泠或音金未詳端水
出焉而東流注于河
又北二百二十里曰盂山音于其陰多鐵其陽多銅其獸
多白狼白虎外傳曰周穆王伐犬戎得四白狼白虎虎名虥虪其鳥多白雉白
翟或作白翠生水出焉而東流注于河

西二百五十里曰白於之山上多松柏下多櫟檀櫟即柞其獸多㸲牛羬羊其鳥多鴞鴞似鳩而青色洛水出于其陽而東流注于渭夾水出于其陰東流注于生水

西北三百里曰申首之山無草木冬夏有雪申水出于其上潛于其下是多白玉

又西五十五里曰涇谷之山或無之山二字涇水出焉或以此為今涇水未詳東南流注于渭是多白金白玉

又西百二十里曰剛山多柒木多㻬琈之玉剛水出焉北流注于渭是多神䰠䰠亦魑魅之類也音恥回反或作䰠其狀人面獸身一足一手其音如欽欽亦吟字假音

又西二百里至剛山之尾洛水出焉而北流注于河其

中多蠻蠻其狀鼠身而鼈首其音如吠犬

又西三百五十里曰英鞮之山上多漆木下多金玉鳥獸盡白浣水出焉（浣或作涴音冤枉之冤）而北注于陵羊之澤是多冉遺之魚魚身蛇首六足其目如馬耳食之使人不眯可以禦凶

又西三百里曰中曲之山其陽多玉其陰多雄黄白玉及金有獸焉其狀如馬而白身黑尾一角虎牙爪音如鼓音其名曰駮是食虎豹（爾雅說駮不道有角及虎爪駮亦在畏獸畫中）可以禦兵（養之辟兵刃也）有木焉其狀如棠而員葉赤實實大如木瓜（木瓜如小瓜）名曰櫰木（音懷）食之多力（尸子曰木食之人多為仁者名為若木此之類）

又西二百六十里曰邽山音圭其上有獸焉其狀如牛蝟毛名曰窮奇音如獋狗是食人或云似虎蝟毛有翼銘曰窮奇之獸厥形甚醜馳逐妖邪莫不犇走是以一名號曰神狗濛水出焉音蒙南流注于洋水其中多黃貝貝甲蟲肉如科斗但有頭尾耳蠃魚音螺魚身而鳥翼音如鴛鴦見則其邑大水

又西二百二十里曰鳥鼠同穴之山今在隴西首陽縣西南山有鳥鼠同穴鳥名曰鵌鼠名曰鼵鼵如人家鼠而短尾鵌似燕而黃色穿地入數尺鼠在內鳥在外而共處孔氏尚書傳曰共爲雌雄張氏地理記云不爲牝牡也其上多白虎白玉渭水出焉而東流注于河出山東至弘農華陰縣入河其中多鰠魚音騷其狀如鱣魚鱣魚大魚也口在頷下體有連甲也或作鮎鯉動則其邑有大兵或脫無從動以下語者濫水出于其西音檻西流注于漢水多鴽魮之魚如玭雨音其

狀如覆銚鳥首而魚翼魚尾音如磬石之聲是生珠玉（亦珠母蚌類而能生出之）

西南三百六十里曰崦嵫之山（日沒所入山也見離騷奄兹兩音）其上多丹木其葉如穀其實大如瓜赤符而黑理食之已癉可以禦火其陽多龜其陰多玉苕（或作若）水出焉而西流注于海（禹大傳曰洧盤之水出崦嵫山）其中多砥礪（磨石也精為砥麤為礪也）有獸焉其狀馬身而鳥翼人面蛇尾是好舉人（喜抱舉人）名曰孰湖有鳥焉其狀如鴞而人面蜼身犬尾（蜼獮猴屬也音贈遺之遺一音誄見中山經尾又作皆）其名自號也（或作設設亦呼耳疑此脫誤）見則其邑大旱

凡西次四經自陰山以下至于崦嵫之山凡十九山三

千六百八十里其神祠禮皆用一白雞祈糈以稻米白菅爲席

右西經之山凡七十七山一萬七千五百一十七里

歙縣項絪校刊

山海經第二

山海經第三

晉郭璞傳

北山經

北山經之首曰單狐之山多机木机木似榆可燒以糞稻田出蜀中音飢其上多華草逢水出焉音逢而西流注于泑水其中多芘石文石

又北二百五十里曰求如之山其上多銅其下多玉無草木滑水出焉而西流注于諸毗之水水出諸毗山也其中多滑魚其狀如鱓赤背鱓魚似蛇音善其音如梧如人相枝梧聲音吾子之吾食之已疣疣贅也其中多水馬其狀如馬文臂牛尾臂前脚也周禮曰馬黑脊而斑臂膢漢武元狩四年燉煌渥洼水出馬以為靈瑞者即此類也其音如呼如人

又北三百里曰帶山其上多玉其下多青碧有獸焉其狀如馬一角有錯言角有甲錯也或作厝其名曰䑏疏音歡可以辟火有鳥焉其狀如烏五采而赤文名曰鵸鵌上已有此鳥疑同名是自為牝牡食之不疽無癰疽病也彭水出焉而西流注于芘湖之水其中多儵魚音由其狀如雞而赤毛三尾六足四首其音如鵲食之可以已憂

又北四百里曰譙明之山譙水出焉西流注于河其中多何羅之魚一首而十身其音如吠犬食之已癰有獸焉其狀如貆而赤豪貆豪豬也音丸其音如榴榴名曰孟槐可以禦凶辟凶邪氣也亦在畏獸畫中也是山也無草木多青雄黃一作多青

碧

又北三百五十里曰涿光之山嚻水出焉而西流注于河其中多鰼鰼之魚音袴褶之褶 其狀如鵲而十翼鱗皆在羽端其音如鵲可以禦火食之不癉其上多松柏其下多椶橿其獸多麢羊其鳥多蕃未詳或云即鴞音煩

又北三百八十里曰虢山其上多漆其下多桐椐桐梧桐也椐横木腫節中杖椐音袪 其陽多玉其陰多鐵伊水出焉西流注于河其獸多橐駝有肉鞍善行流沙中日行三百里其負千斤知水泉所在也 其鳥多寓狀如鼠而鳥翼其音如羊可以禦兵

又北四百里至于虢山之尾其上多玉而無石魚水出焉西流注于河其中多文貝

又北二百里曰丹熏之山其上多樗柏其草多韭薤（皆山菜爾雅有其名）多丹雘熏水出焉而西流注于棠水有獸焉其狀如鼠而菟首麋身其音如獋犬以其尾飛（或作髯飛獋音豪）名曰耳鼠食之不脎（脎大腹也見裨倉音采也）又可以禦百毒

又北二百八十里曰石者之山其上無草木多瑤碧泚水出焉西流注于河有獸焉其狀如豹而文題白身（題額也）名曰孟極是善伏其鳴自呼

又北百一十里曰邊春之山（或作春山）多蔥葵韭（山蔥名茖大葉）桃李（山桃榹桃子小不解核也）杻水出焉而西流注于泑澤有獸焉其狀如禺而文身善笑見人則臥（言佯眠也）名曰幽鴳（或作嬻嬒鴳音遏）其鳴自呼

又北二百里曰蔓聯之山萬連二音其上無草木有獸焉其狀如禺而有鬣牛尾文臂馬蹄見人則呼名曰足訾其鳴自呼有鳥焉群居而朋飛朋猶輩也其毛如雌雉名曰䳋交音或作渴也其鳴自呼食之已風

又北百八十里曰單張之山其上無草木有獸焉其狀如豹而長尾人首而牛耳一目名曰諸犍音如犍牛之犍善吒行則銜其尾居則蟠其尾有鳥焉其狀如雉而文首白翼黃足名曰白鵺音夜食之已嗌痛嗌咽也穀梁傳曰嗌不容粒今吴人呼咽為嗌音隘可以已痸痸癡病也櫟水出焉而南流注于杠水

又北三百二十里曰灌題之山其上多樗柘其下多流沙多砥有獸焉其狀如牛而白尾其音如訆如人呼喚訆音叫

名曰那父有鳥焉其狀如雌雉而人面見人則躍躍跳名曰竦斯其鳴自呼也匠韓之水出焉而西流注于泑澤其中多磁石可以取鐵管子曰山上有磁石者下必有銅音慈

又北二百里曰潘侯之山其上多松柏其下多榛楛其陽多玉其陰多鐵有獸焉其狀如牛而四節生毛名曰旄牛今旄牛背膝及胡尾皆有長毛邊水出焉而南流注於櫟澤

又北二百三十里曰小咸之山無草木冬夏有雪

北二百八十里曰大咸之山無草木其下多玉是山也四方不可以上有蛇名曰長蛇其毛如彘豪說者云長百尋今蝮蛇色似艾綬文文間有毛如豬鬐此其類也常山亦有長蛇與此形不同其音如鼓柝如人行夜敲木柝聲音託

又北三百二十里曰敦薨之山其上多椶柟其下多茈草敦薨之水出焉而西流注於泑澤出于崑崙之東北隅實惟河源即河水出崑崙之墟其中多赤鮭今名鯸鮐爲鮭魚音圭其獸多兕旄牛或作撲牛撲牛見離騷天問所未詳其鳥多鳲鳩

又北二百里曰少咸之山無草木多青碧有獸焉其狀如牛而赤身人面馬足名曰窫窳爾雅云窫窳似貙虎爪與此錯軋愈二音其音如嬰兒是食人敦水出焉東流注于鴈門之水水出鴈門山間其中多䱋䱋之魚音沛未詳或作鯆食之殺人

又北二百里曰獄法之山瀤澤之水出焉音懷而東北流注于泰澤其中多鱳魚音藻其狀如鯉而雞足食之已疣有獸焉其狀如犬而人面善投見人則笑其名山𤟤音暉

其行如風言疾見則天下大風

又北二百里曰北嶽之山多枳棘剛木檀柘之屬有獸焉其狀如牛而四角人目彘耳其名曰諸懷其音如鳴鴈是食人諸懷之水出焉而西流注于囂水其中多鮨魚音詣魚身而犬首其音如嬰兒今海中有虎鹿魚及海狶體皆如魚而頭似虎鹿豬此其類也食之已狂

又北百八十里曰渾夕之山無草木多銅玉囂水出焉而西北流注于海有蛇一首兩身名曰肥遺見則其國大旱管子曰涸水之精名曰蟡一頭而兩身其狀如蛇長八尺以其名呼之可使取魚龜亦此類

又北五十里曰北單之山無草木多蔥韭

又北百里曰羆差之山無草木多馬野馬也似馬而小

又北百八十里曰北鮮之山是多馬鮮水出焉而西北流注于涂吾之水（漢元狩二年馬出涂吾水中也）

又北百七十里曰隄山（或作陸古字耳）多馬有獸焉其狀如豹而文首名曰狕（音幺）隄水出焉而東流注于泰澤其中多龍龜

凡北山經之首自單狐之山至于隄山凡二十五山五千四百九十里其神皆人面蛇身其祠之毛用一雄雞彘瘞吉玉用一珪瘞而不糈（言祭不用米皆埋其所用牲玉）其山北人皆生食不火之物（或作皆生食而不火）

北次二經之首在河之東其首枕汾（臨汾水上也音墳）其名曰管涔之山（今在太原郡故汾陽縣北秀容山涔音岑）其上無木而多草其下

多玉汾水出焉而西流注于河至汾陽縣北西入河又西二百五十里曰少陽之山其上多玉其下多赤銀銀之精也酸水出焉而東流注于汾水其中多美赭管子曰山上有赭者其下有鐵

又北五十里曰縣雍之山今在晉陽縣西名汲甕雍音甕其上多玉其下多銅其獸多閭麋閭即羭也似驢而岐蹄角如麢羊一名山驢周禮曰北唐以閭亦見鄉射禮其鳥多白翟白鶬即白鵫也音于六反晉水出焉而東南流注于汾水東過晉陽南又東入汾其中多鮆魚其狀如儵而赤鱗小魚曰儵其音如叱食之不驕或作騷騷臭也

又北二百里曰狐岐之山無草木多青碧勝水出焉而東北流注于汾水其中多蒼玉

印澤藏經本作卬
澤下文北囂山同

又北三百五十里曰白沙山廣員三百里盡沙也無草木鳥獸鮪水出于其上潛于其下出山之頂停其底也是多白玉

又北四百里曰爾是之山無草木無水

又北三百八十里曰狂山無草木是山也冬夏有雪狂水出焉而西流注于浮水其中多美玉

又北三百八十里曰諸餘之山其上多銅玉其下多松柏諸餘之水出焉而東流注于旄水

又北三百五十里曰敦頭之山其上多金玉無草木旄水出焉而東流注于印澤其中多䮝馬音勃牛尾而白身一角其音如呼

又北三百五十里曰鉤吾之山其上多玉其下多銅有

文選陳琳為袁紹檄豫[illegible]
[illegible]目作[illegible]夏[illegible]
[illegible]下[illegible]左氏傳可證[illegible]

獸焉其狀如羊身人面其目在腋下虎齒人爪其音如嬰兒名曰狍鴞是食人為物貪惏食人未盡還害其身象在夏鼎左傳所謂饕餮是也狍音咆

又北三百里曰北囂之山無石其陽多碧其陰多玉有獸焉其狀如虎而白身犬首馬尾彘鬣名曰獨狢音谷有鳥焉其狀如烏人面名曰鷩鶥般冒兩音或作夏也宵飛而晝伏鵂鶹之屬食之已暍中熱也音謁涔水出焉而東流注于邛澤

又北三百五十里曰梁渠之山無草木多金玉脩水出焉而東流注于鴈門水名其獸多居暨其狀如彙而赤毛彙似鼠赤毛如刺猬彙音渭其音如豚有鳥焉其狀如夸父或作舉父四翼一目犬尾名曰囂其音如鵲食之已腹痛可以止衕

治洞下也音洞

又北四百里曰姑灌之山無草木是山也冬夏有雪

又北三百八十里曰湖灌之山其陽多玉其陰多碧多馬湖灌之水出焉而東流注于海其中多䱻亦鱓魚字有木焉其葉如柳而赤理

又北水行五百里流沙三百里至于洹山其上多金玉三桑生之其樹皆無枝其高百仞百果樹生之其下多怪蛇

又北三百里曰敦題之山無草木多金玉是錞于北海

凡北次二經之首自管涔之山至于敦題之山凡十七山五千六百九十里其神皆蛇身人面其祠毛用一雄

雞彘瘞薶之用一璧一珪投而不糈擿玉於山中以禮神不薶之也

北次三經之首曰太行之山今在河内野王縣西北行音戶剛反其首曰歸山其上有金玉其下有碧有獸焉其狀如麢羊而四角馬尾而有距其名曰驒善還還旋旋儛也驒音暉其鳴自訆有鳥焉其狀如鵲白身赤尾六足其名曰鶌音犇是善驚其鳴自詨今吳人謂呼為詨音呼交反

又東北二百里曰龍侯之山無草木多金玉決決之水出焉音詨而東流注于河其中多人魚其狀如鯑魚四足其音如嬰兒鯑見中山經或曰人魚即鯢也似鮎而四足聲如小兒啼今亦呼鮎為鯑音蹄食之無癡疾

又東北二百里曰馬成之山其上多文石其陰多金玉

有獸焉其狀如白犬而黑頭見人則飛言肉翅飛行自在其名曰天馬其鳴自訆有鳥焉其狀如烏首白而身青足黃是名曰鶌鶋屈居二音其鳴自詨食之不飢可以已寓未詳或曰寓猶誤也

又東北七十里曰咸山其上有玉其下多銅是多松柏草多茈草條菅之水出焉菅音間而西南流注于長澤其中多器酸三歲一成所未詳也食之已癘

又東北二百里曰天池之山其上無草木多文石有獸焉其狀如兔而鼠首以其背飛用其背上毛飛飛則仰也其名曰飛鼠澠水出焉潛于其下停山底也其中多黃堊堊土也

又東三百里曰陽山其上多玉其下多金銅有獸焉其

狀如牛而赤尾其頸腎其狀如勾瞿（言頸上有肉腎勾瞿斗也音劬）其名曰領胡其鳴自詨食之已狂有鳥焉其狀如雌雉而五彩以文是自爲牝牡名曰象蛇其鳴自詨留水出焉而南流注于河其中有䱻父之魚（音陷）其狀如鮒魚魚首而彘身食之已嘔

又東三百五十里曰賁聞之山其上多蒼玉其下多黃堊多涅石

又北百里曰王屋之山（今在河東東垣縣北書曰至于王屋也）是多石𪷽水出焉（𪷽音輦）而西北流注于泰澤（地理志王屋山沇水所出𪷽沇聲相近殆一水耳沇即濟也）

又東北三百里曰教山其上多玉而無石教水出焉西

流注于河是水冬乾而夏流實惟乾河今河東聞喜縣東北有乾河口因名乾河里但有故溝處無復水即是也其中有兩山是山也廣員三百步其名曰發丸之山其上有金玉

又南三百里曰景山外傳曰景霍以爲城南望鹽販之澤即鹽池也今在河東猗氏縣或無販字北望少澤其上多草藷藇根似羊蹄可食曙豫二音今江南單呼爲藷音儲語有輕重耳其草多秦椒子似椒而細葉草也其陰多赭其陽多玉有鳥焉其狀如蛇而四翼六目三足名曰酸與其鳴自詨見則其邑有恐或曰食之不醉

又東南三百二十里曰孟門之山尸子曰龍門未辟呂梁未鑿河出於孟門之上大溢逆流無有丘陵高阜滅之名曰洪水穆天子傳曰北升孟門九河之隥其上多蒼玉多金其下多黃堊多涅石

太平御覽引下字作如之以黃砥

又東南三百二十里曰平山平水出于其上潛于其下是多美玉

又東二百里曰京山有美玉多漆木多竹其陽有赤銅其陰有玄礵黑砥名也尸子曰加玄黃砥明色非一也礵音竹篠之篠高水出焉南流注于河

又東二百里曰虫尾之山其上多金玉其下多竹多青碧丹水出焉南流注于河薄水出焉淮南子曰薄水出鮮于山而東南流注于黃澤

又東三百里曰彭毗之山其上無草木多金玉其下多水蚤林之水出焉音早東南流注于河肥水出焉而南流注于牀水其中多肥遺之蛇

又東百八十里曰小侯之山明漳之水出焉南流注于黃澤有鳥焉其狀如烏而白文名曰鴣鸐姑習二音食之不灂不瞧目也或作嚼音醮

又東三百七十里曰泰頭之山共水出焉音恭南注于虖池呼佗二音下同其上多金玉其下多竹箭

又東北二百里曰軒轅之山其上多銅其下多竹有鳥焉其狀如梟而白首其名曰黃鳥其鳴自詨食之不妒

又北二百里曰謁戾之山今在上黨郡涅縣其上多松柏有金玉沁水出焉南流注于河至滎陽縣東北入河或出穀遠縣羊頭山也其東有林焉名曰丹林丹林之水出焉南流注于河嬰侯之水出焉北流注于汜水

東三百里曰沮洳之山詩云彼汾沮洳無草木有金玉濝水出焉音其南流注于河今濝水出汲郡隆慮縣大號山東過河内縣南為白溝

又北三百里曰神囷之山音如倉囷之囷其上有文石其下有白蛇有飛蟲黄水出焉而東流注于洹洹水出汲郡林慮縣東北至魏郡長樂入清水洹音丸滏水出焉而東流注于歐水滏水今出臨水縣西滏口山經鄴西北至列人縣入於漳其水熱

又北二百里曰發鳩之山今在上黨郡長子縣西其上多柘木有鳥焉其狀如烏文首白喙赤足名曰精衛其鳴自詨是炎帝之少女名曰女娃炎帝神農也娃惡佳反語誤或作階女娃遊于東海溺而不返故為精衛常銜西山之木石以堙于東海堙塞也音因漳水出焉濁漳音章東流注于河或曰出長子縣鹿谷山而東至鄴入

清漳

又東北百二十里曰少山今在樂平郡沾縣沾縣故屬上黨其上有金玉其下有銅清漳之水出焉東流于濁漳之水清漳出少山大繩谷至武安縣南暴宮邑入於濁漳或曰東北至邑城入於大河也

又東北二百里曰錫山其上多玉其下有砥牛首之水出焉而東流注于滏水

又北二百里曰景山有美玉景水出焉東南流注于海澤

又北百里曰題首之山有玉焉多石無水

又北百里曰繡山其上有玉青碧其木多栒木中枚也音荀其草多芍藥芎藭芍藥一名辛夷亦香草屬洧水出焉而東流注于河

其中有鱯（鱯似鮎而大白色也）黽（鼃黽似鰕蟇小而青或曰鱯黽一物名耳）

又北百二十里曰松山陽水出焉東北流注于河

又北百二十里曰敦與之山其上無草木有金玉溹水出于其陽（音悉各反）而東流注於泰陸之水（大陸水今鉅鹿北廣平澤即其水）泜水出于其陰（音抵肆也）而東流注于彭水（今泜水出中丘縣西窮泉谷東注於堂陽縣入於漳水）槐水出焉而東流注于泜澤

又北百七十里曰柘山其陽有金玉其陰有鐵歷聚之水出焉而北流注于洧水

又北三百里曰維龍之山其上有碧玉其陽有金其陰有鐵肥水出焉而東流注于皐澤其中多礨石（未詳也音雷或作礨磈礨大石貌或曰石名）敞鐵之水出焉而北流注于大澤

又北百八十里曰白馬之山其陽多石玉其陰多鐵多赤銅木馬之水出焉而東北流注于虖沱呼沱二音

又北二百里曰空桑之山上已有此山疑同名也無草木冬夏有雪空桑之水出焉東流注于虖沱

又北三百里曰泰戲之山無草木多金玉有獸焉其狀如羊一角一目目在耳後其名曰辣辣音屋棟之棟其鳴自訆虖沱之水出焉今虖沱水出鴈門鹵成縣南武夫山而東流注于漊水音樓液女之水出于其陽南流注于沁水液音悅懌之懌

又北三百里曰石山多藏金玉濩濩之水出焉濩音尺蠖之蠖而東流注于虖沱鮮于之水出焉而南流注于虖沱

又北二百里曰童戎之山皐涂之水出焉而東流注于

漊液水

又北三百里曰高是之山(今在北地靈丘縣)滋水出焉(音慈)而南流注于虖沱其木多椶其草多條滱水出焉(音寇)東流注于河(過博陵縣南又東北入於易水)

又北三百里曰陸山多美玉鄴水出焉(或作郯水)而東流注于河

又北二百里曰沂山(音祈)般水出焉(音盤)而東流注于河

北百二十里曰燕山多嬰石(言石似玉有符彩嬰帶所謂燕石者)燕水出焉東流注于河

又北山行五百里水行五百里至于饒山是無草木多瑤碧其獸多橐駝其鳥多鶹(未詳或曰鶹鵂鶹也)歷虢之水出焉

而東流注于河其中有師魚食之殺人（未詳或作鯢）

又北四百里曰乾山無草木其陽有金玉其陰有鐵而無水有獸焉其狀如牛而三足其名曰獂（音元）其鳴自詨

又北五百里曰倫山倫水出焉而東流注于河有獸焉其狀如麋其州在尾上（州竅也）其名曰羆

又北五百里曰碣石之山（水經曰碣石山今在遼西臨渝縣南水中或曰在右北平驪城縣海邊山）繩水出焉而東流注于河其中多蒲夷之魚（未詳）其上有玉其下多青碧

又北水行五百里至于鴈門之山無草木（鴈門山即北陵西隃鴈之所出因以名云在高柳北）

又北水行四百里至于泰澤其中有山焉曰帝都之山

廣員百里無草木有玉金

又北五百里曰錞于毋逢之山北望雞號之山其風如颲颲急風貌也音戾或云飄風也西望幽都之山浴水出焉浴即黑水也是有大蛇赤首白身其音如牛見則其邑大旱

凡北次三經之首自太行之山以至于無逢之山凡四十六山萬二千三百五十里其神狀皆馬身而人面者廿神其祠之皆用一藻茝瘞之藻聚藻茝香草蘭之類音昌代反其十四神狀皆彘身而載玉其祠之皆玉不瘞不薶所用玉也其十神狀皆彘身而八足蛇尾其祠之皆用一璧瘞之大凡四十四神皆用稌糈米祠之此皆不火食

右北經之山志凡八十七山二萬三千二百三十里

山海經第三

歙縣項絪校刊

山海經第四

東山經

晉郭璞傳

東山經之首曰樕螽之山（速株二音）北臨乾昧（亦山名也音妹）食水出焉而東北流注于海其中多鱅鱅之魚（音容）其狀如犂牛（牛似虎文者）其音如彘鳴

又南三百里曰藟山（音誄）其上有玉其下有金湖水出焉東流注于食水其中多活師（科斗也爾雅謂之活東）

又南三百里曰栒狀之山其上多金玉其下多青碧石有獸焉其狀如犬六足其名曰從從其鳴自詨有鳥焉其狀如雞而鼠毛其名曰蚩鼠（音咨）見則其邑大旱沢水

砥疑當爲砭

出焉音枳而北流注于湖水其中多箴魚其狀如儵其喙如箴出東海今江東水中亦有之食之無疫疾

又南三百里曰勃亝之山無草木無水

又南三百里曰番條之山無草木多沙減水出焉音同減損之減北流注于海其中多鱤魚一名黃頰音感

又南四百里曰姑兒之山其上多漆其下多桑柘姑兒之水出焉北流注于海其中多鱤魚

又南四百里曰高氏之山其上多玉其下多箴石可以爲砥針治癰腫者諸繩之水出焉東流注于澤其中多金玉

又南三百里曰嶽山其上多桑其下多樗濼水出焉音樂東流注于澤其中多金玉

又南三百里曰犲山其上無草木其下多水其中多堪魣之魚（未詳音序）有獸焉其狀如夸父而彘毛其音如呼見則天下大水

又南三百里曰獨山其上多金玉其下多美石末塗之水出焉而東南流注于沔其中多偹蟰（條容二音）其狀如黃蛇魚翼出入有光見則其邑大旱

又南三百里曰泰山（即東嶽岱宗也今在泰山奉高縣西北從山下至頂四十八里三百步）其上多玉其下多金有獸焉其狀如豚而有珠名曰狪狪（音如吟恫之恫）其名自訆環水出焉東流注于江（一作海）其中多水玉

又南三百里曰竹山錞于江（一作淮）無草木多瑤碧激水

出焉而東南流注于娶檀之水其中多茈羸

凡東山經之首自樕𧋍之山以至于竹山凡十二山三千六百里其神狀皆人身龍首祠毛用一犬祈聃用魚（以血塗祭爲聃也公羊傳云蓋叩其鼻以聃社音鈎餌之餌）

東次二經之首曰空桑之山（此山出琴瑟材見周禮也）北臨食水東望沮吳南望沙陵西望湣澤（音旻）有獸焉其狀如牛而虎文其音如欽（或作唫）其名曰軨軨（音靈）其鳴自叫見則天下大水

又南六百里曰曹夕之山其下多穀而無水多鳥獸

又西南四百里曰嶧皋之山（音亦）其上多金玉其下多白堊嶧皋之水出焉東流注于激女之水其中多蜃珧（蜃蚌

也珧玉珧亦蚌屬腎遙兩音

又南水行五百里流沙三百里至于葛山之尾無草木多砥礪

又南三百八十里曰葛山之首無草木澧水出焉澧音禮東流注于余澤其中多珠鱉魚鱉音鼈其狀如肺而有目六足有珠其味酸甘食之無癘無時氣病也呂氏春秋曰澧水之魚名曰朱鱉六足有珠魚之美也

又南三百八十里曰餘峩之山其上多梓枏其下多荊芑雜余之水出焉東流注於黃水有獸焉其狀如菟而鳥喙鴟目蛇尾見人則眠言佯死也名曰犰狳仇餘二音其鳴自訆見則螽蝗為敗螽蝗類也言傷敗田苗音終

又南三百里曰杜父之山無草木多水

又南三百里曰耿山無草木多水碧(亦水玉類)多大虵有獸焉其狀如狐而魚翼其名曰朱獳(音儒)其鳴自叫見則其國有恐

又南三百里曰盧其之山無草木多沙石沙水出焉南流注于涔水其中多鵹鶘(音黎)其狀如鴛鴦而人足其鳴自訓見則其國多土功(今鵜胡足頗有似人脚形狀也)

又南三百八十里曰姑射之山無草木多水

又南水行三百里流沙百里曰北姑射之山無草木多石

又南三百里曰南姑射之山無草木多水

又南三百里曰碧山無草木多大虵多碧水玉

又南五百里曰緱氏之山無草木多金玉原水出焉東流注于沙澤一曰俠氏之山

又南三百里曰姑逢之山無草木多金玉有獸焉其狀如狐而有翼其音如鴻鴈其名曰獙獙音斃見則天下大旱

又南五百里曰鳧麗之山其上多金玉其下多箴石有獸焉其狀如狐而九尾九首虎爪名曰蠪蛭龍蛭二音其音如嬰兒是食人

又南五百里曰⿰石垔山音一眞反南臨⿰石垔水東望湖澤有獸焉其狀如馬而羊目四角牛尾其音如獋狗其名曰峳峳

音攸見則其國多狡客狡狡猾也有鳥焉其狀如鳧而鼠尾善登木其名曰絜鉤見則其國多疫

凡東次二經之首自空桑之山至于䃌山凡十七山六千六百四十里其神狀皆獸身人面載觡麋鹿屬角為觡音格其祠毛用一雞祈嬰用一璧瘞

凡東次三經之首曰尸胡之山北望𣧑山音詳其上多金玉其下多棘有獸焉其狀如麋而魚目名曰妴胡音婉其鳴自訓

又南水行八百里曰岐山其木多桃李其獸多虎

又南水行五百里曰諸鉤之山無草木多沙石是山也廣員百里多寐魚即鮇魚音味

又南水行七百里曰中父之山無草木多沙

又東水行千里曰胡射之山無草木多沙石

又南水行七百里曰孟子之山其木多梓桐多桃李其草多菌蒲未詳音咽晒之咽其獸多麋鹿是山也廣員百里其上有水出焉名曰碧陽其中多鱣鮪鮪即鱏也似鱣而長鼻體無鱗甲別名鮔鱣一名鱑也

又南水行五百里曰流沙行五百里有山焉曰跂踵之山跂音企廣員二百里無草木有大蛇其上多玉有水焉廣員四十里皆涌今河東汾陰縣有瀵水源在地底濆沸涌出其深無限即此類也其名曰深澤其中多蠵龜蠵觜蠵大龜也甲有文彩似瑇瑁而薄音遺知反有魚焉其狀如鯉而六足鳥尾名曰鮯鮯之魚音蛤其鳴自叫

又南水行九百里曰踇隅之山音敏其上多草木多金玉多赭有獸焉其狀如牛而馬尾名曰精精其鳴自叫

又南水行五百里流沙三百里至于無臯之山南望幼海即少海也淮南子曰東方大渚曰少海東望榑木扶桑二音無草木多風是山也廣員百里

凡東次三經之首自尸胡之山至于無臯之山凡九山六千九百里其神狀皆人身而羊角其祠用一牡羊米用黍是神也見則風雨水為敗

又東次四經之首曰北號之山臨于北海有木焉其狀如楊赤華其實如棗而無核其味酸甘食之不瘧食水出焉而東北流注于海有獸焉其狀如狼赤首鼠目其

音如豚名曰猲狚（葛苴二音）是食人有鳥焉其狀如雞而白首鼠足而虎爪其名曰鬿（音祈）雀亦食人

又南三百里曰旄山無草木蒼體之水出焉而西流注于展水其中多鱃魚（今蝦鰌字亦或作鱃秋音）其狀如鯉而大首食者不疣

又南三百二十里曰東始之山上多蒼玉有木焉其狀如楊而赤理其汁如血不實其名曰芑（音起）可以服馬（以汁塗之則馬調良）泚水出焉而東北流注于海其中多美貝多茈魚其狀如鮒一首而十身其臭如蘪蕪食之不糟（孚謂反止失氣也）

又東南三百里曰女烝之山其上無草木石膏水出焉

而西注于鬲水其中多薄魚其狀如鱣魚而一目其音如歐（如人嘔吐聲也）見則天下大旱

又東南二百里曰欽山多金玉而無石師水出焉而北流注于皐澤其中多鱃魚多文貝有獸焉其狀如豚而有牙其名曰當康其鳴自叫見則天下大穰

又東南二百里曰子桐之山子桐之水出焉而西流注于餘如之澤其中多䱻魚（音滑）其狀如魚而鳥翼出入有光其音如鴛鴦見則天下大旱

又東北二百里曰剡山多金玉有獸焉其狀如彘而人面黃身而赤尾其名曰合窳（音庾）其音如嬰兒是獸也食人亦食蟲蛇見則天下大水

又東二百里曰太山上多金玉楨木女楨也葉冬不凋有獸焉其狀如牛而白首一目而蛇尾其名曰蜚音如翡翠之翡行水則竭行草則死見則天下大疫言其體含災氣也其銘曰蜚之爲名體似無害所經枯竭甚於鴆厲萬物斯懼思爾遐逝鈎水出焉而北流注于勞水其中多鱃魚

凡東次四經之首自北號之山至于太山凡八山一千七百二十里

右東經之山志凡四十六山萬八千八百六十里

山海經第四

歙縣項絪校刊

山海經第五

晉　郭璞　傳

中山經

中山經薄山之首曰甘棗之山共水出焉音恭而西流注于河其上多杻木其下有草焉葵本而杏葉或作楛葉黃華而莢實名曰籜他落反可以已瞢音盲有獸焉其狀如䖘鼠而文題䖘鼠所未詳音虺字亦或作虺其名曰⿰英能能音那或作熊也食之已瘻

又東二十里曰歷兒之山其上多橿多櫔木音厲是木也方莖而員葉黃華而毛其實如楝楝木名子如指頭白而黏可以浣衣也音練或作簡服之不忘

又東十五里曰渠豬之山其上多竹渠豬之水出焉而

南流注于河其中是多豪魚狀如鮪鮪似鱣也赤喙尾赤羽可以已白癬

又東三十五里曰蔥聾之山其中多大谷是多白堊黑青黃堊言有雜色堊也

又東十五里曰涹山音倭其中多赤銅其陰多鐵

又東七十里曰脫扈之山有草焉其狀如葵葉而赤華莢實實如椶莢今椶木莢似皁莢也名曰植楮可以已癙癙病也淮南子曰狸頭已癙也食之不眯

又東二十里曰金星之山多天嬰其狀如龍骨可以已痤癰痤也

又東七十里曰泰威之山其中有谷曰梟谷其中多鐵

或無谷字

又東十五里曰橿谷之山其中多赤銅或作檀谷之山

又東百二十里曰吴林之山其中多葌草亦菅字

又北三十里曰牛首之山今長安西南有牛首山上有館下有水未知此是非有草焉名曰鬼草其葉如葵而赤莖其秀如禾服之不憂勞水出焉而西流注于潏水音如譎詐之譎是多飛魚其狀如鮒魚食之已痔衕

又北四十里曰霍山今平陽永安縣廬江灊縣晉安羅江縣河南鞏縣皆有霍山明山以霍爲名者非一矣按爾雅大山繞小山爲霍其水多穀有獸焉其狀如貍而白尾有鬣名曰朏朏養之可以已憂謂蓄養之也普昧反

又北五十二里曰合谷之山是多薝棘未詳音瞻

又北三十五里曰陰山亦曰險山多礪石文石礪石中磨者少水出焉其中多彫棠其葉如榆葉而方其實如赤菽菽豆食之已聾

又東北四百里曰鼓鐙之山多赤銅有草焉名曰滎草其葉如柳其本如雞卵食之已風

凡薄山之首自甘棗之山至于鼓鐙之山凡十五山六千六百七十里歷兒冢也其祠禮毛太牢之具縣以吉玉縣祭山之名也見爾雅其餘十三山者毛用一羊縣嬰用桑封瘞而不糈桑封者桑主也方其下而銳其上而中穿之加金言作神主而祭以金銀飾之也公羊傳曰虞主用桑主或作玉

中次二經濟山之首曰煇諸之山其上多桑其獸多閭

麋其鳥多鶡似雉而大青色有毛勇健鬬死乃止音遏出上黨也

又西南二百里曰發視之山其上多金玉其下多砥礪即魚之水出焉而西流注于伊水

又西三百里曰豪山其上多金玉而無草木

又西三百里曰鮮山多金玉無草木鮮水出焉而北流注于伊水其中多鳴蛇其狀如蛇而四翼其音如磬見則其邑大旱

又西三百里曰陽山多石無草木陽水出焉而北流注于伊水其中多化蛇其狀如人面而豺身鳥翼而蛇行其音如叱呼見則其邑大水

又西二百里曰昆吾之山其上多赤銅此山出名銅色赤如火以之作

蠪蛭見東山經校正上有此獸蚳字或作蛭形与蛭相似故蛭誤爲蚳

刀切玉如割泥也周穆王時西戎獻之尸子所謂昆吾之劍也越絶書曰赤堇之山破而出錫若邪之谷涸而出銅歐冶子因以爲純鈎之劍汲郡冢中得銅劍一枚長三尺五寸乃今所名爲干將劍汲郡亦皆非鐵也明古者通以錫雜銅爲兵器也有獸焉其狀如彘而有角其音如號如人號哭名曰蠪蚳上已有此獸疑同名食之不眯

又西百二十里曰蔞山音閭蔞水出焉而北流注于伊水其上多金玉其下多青雄黃有木焉其狀如棠而赤葉名曰芒草音忘可以毒魚

又西一百五十里曰獨蘇之山無草木而多水

又西二百里曰蔓渠之山其上多金玉其下多竹箭伊水出焉而東流注于洛今伊水出上洛盧氏縣熊耳山東北至河南洛陽縣入洛有獸焉其名曰馬腹其狀如人面虎身其音如嬰兒是食

小箋伊小注引文墠渚作禪堵王引郭注云禪一音暖鯀化羽淵而復在此然已变怪亦无往而不化矣

人
凡濟山經之首自煇諸之山至于蔓渠之山凡九山一千六百七十里其神皆人面而鳥身祠用毛擇用毛色用一吉玉投而不糈

中次三經萯山之首曰敖岸之山或作獻萯音倍其陽多㻬琈之玉其陰多赭黃金神熏池居之是常出美玉或作石北望河林其狀如蒨如舉說者云蒨舉皆木名也未詳蒨音倩有獸焉其狀如白鹿而四角名曰夫諸見則其邑大水

又東十里曰青要之山實惟帝之密都天帝曲密之邑北望河曲河千里一曲一直也是多駕鳥未詳也或曰駕宜為駕駕鵞也音加南望墠渚水中小洲名渚墠音填禹父之所化鯀化於羽淵為黃熊今復云在此然則一已有變怪之性者亦

山海經卷五　四

無往而不化也是多僕纍蒲盧僕纍蝸牛也爾雅曰蒲盧者螟蛉也䰠武羅司之
武羅神名䰠即神字其狀人面而豹文小腰而白齒或作首而穿耳
以鐻鐻金銀器之名未詳也音渠其鳴如鳴玉如人鳴玉玉珮聲是山也宜女
子畛水出焉音軫而北流注于河其中有鳥焉名曰鴢音如
窈窕之窈其狀如鳧青身而朱目赤尾食之宜子朱淺赤也有草
焉其狀如葌菅似茅也而方莖黃華赤實其本如藁本根似藁本
亦香名曰荀草或曰苞草服之美人色令人更美豔
又東十里曰騩山音巍其上有美棗其陰有㻬琈之玉正
回之水出焉而北流注于河其中多飛魚其狀如豚而
赤文服之不畏雷可以禦兵
又東四十里曰宜蘇之山其上多金玉其下多蔓居之

潛 潛作亦作歆

木（未詳）滽滽之水出焉（音容）而北流注于河是多黃貝

又東二十里曰和山其上無草木而多瑤碧實惟河之九都（九水所潛故曰九都）是山也五曲（曲回五重）九水出焉合而北流注于河其中多蒼玉吉神泰逢司之（吉猶善也）其狀如人而虎尾（或作雀尾）是好居于萯山之陽出入有光泰逢神動天地氣也（言其有靈爽能興雲雨也夏后孔甲田於萯山之下天大風晦冥孔甲迷惑入於民室見呂氏春秋也）

凡萯山之首自敖岸之山至于和山凡五山四百四十里其祠泰逢熏池武羅皆一牡羊副（副謂破羊骨磔之以祭也見周禮音悃愊之愊）嬰用吉玉其二神用一雄雞瘞之糈用稌

中次四經釐山之首（音狸）曰鹿蹄之山其上多玉其下多

金甘水出焉而北流注于洛其中多泠石(泠石未聞也泠或作涂)

西五十里曰扶豬之山其上多礝石(音耎今鴈門山中出礝石白者如冰水中有赤色者)有獸焉其狀如貉而人目(貉或作貗古字)其名曰麐(音銀或作麋)虢水出焉而北流注于洛其中多瓀石(言亦出水中)

又西一百二十里曰釐山其陽多玉其陰多蒐(音搜茅蒐今之蒨草也)有獸焉其狀如牛蒼身其音如嬰兒是食人其名曰犀渠滽滽之水出焉而南流注于伊水有獸焉名曰⿰犭頡(音蒼頡之頡)其狀如獳犬而有鱗其毛如彘鬣(生鱗間也)

又西二百里曰箕尾之山多穀多涂石其上多㻬琈之玉

又西二百五十里曰柄山其上多玉其下多銅滔雕之

水出焉而北流注于洛其中多羬羊有木焉其狀如樗其葉如桐而莢實其名曰茇可以毒魚茇一作艾

又西二百里曰白邊之山其上多金玉其下多青雄黃

又西二百里曰熊耳之山今在上洛縣南其上多漆其下多椶浮濠之水出焉而西流注于洛其中多水玉多人魚有草焉其狀如蘇而赤華名曰葶薴可以毒魚亭寧耵聹二音

又西三百里曰牡山其上多文石其下多竹箭竹䉋其獸多㸲牛羬羊鳥多赤鷩音閉即鷩雉也

又西三百五十里曰讙舉之山雒水出焉而東北流注于玄扈之水其中多馬腸之物此二山者洛間也洛水今出上洛縣冢嶺山河圖曰玄扈洛汭謂此間也

凡釐山之首自鹿蹄之山至于玄扈之山凡九山千六百七十里其神狀皆人面獸身其祠之毛用一白雞祈而不糈言直祈禱以彩衣之以彩飾雞

中次五經薄山之首曰苟牀之山或作苟林山無草木多怪石怪石似玉也書曰鉛松怪石也

東三百里曰首山其陰多穀柞草多荣芫荣山薊也芫華中藥其陽多㻬琈之玉木多槐其陰有谷曰机谷多䲃鳥音如鈦鉗之鈦其狀如梟而三目有耳其音如錄食之已墊未聞

又東三百里曰縣劚之山音如斤劚之劚無草木多文石

又東三百里曰蔥聾之山無草木多摩石未詳

東北五百里曰條谷之山其木多槐桐其草多芍藥亹

冬本草經曰虋冬一名滿冬今作門俗作耳

又北十里曰超山其陰多蒼玉其陽有井冬有水而夏竭

又東五百里曰成侯之山其上多櫄木似樗樹材中車轅吳人呼櫄音輴車或曰輴車其草多芃

又東五百里曰朝歌之山谷多美堊

又東五百里曰槐山谷多金錫

又東十里曰歷山其木多槐其陽多玉

又東十里曰尸山多蒼玉其獸多麖似鹿而小黑色尸水出焉南流注于洛水其中多美玉

又東十里曰良餘之山其上多穀柞無石餘水出于其

陰而北流注于河乳水出于其陽而東南流注于洛

又東南十里曰蠱尾之山多礪石赤銅龍餘之水出焉而東南流注于洛

又東北二十里曰升山其木多穀柞棘其草多藷藇蕙蕙香草也多寇脫寇脫草生南方高丈許似荷葉而莖中有瓤正白零桂人植而日灌之以爲樹也黃酸之水出焉而北流注于河其中多璇玉石次玉者也荀卿曰璇玉瑤珠不知佩璇音旋

又東十二里曰陽虛之山多金臨于玄扈之水河圖曰蒼頡爲帝南巡狩登陽虛之山臨於玄扈洛汭靈龜負書丹甲青文以授之出此水中也

凡薄山之首自苟林之山至于陽虛之山凡十六山二千九百八十二里升山冢也其祠禮太牢嬰用吉玉首

山魈也其祠用稌黑犧太牢之具糵釀以糵作醴酒也干儛干儛萬儛干楯也置鼓擊之以儛嬰用一璧尸水合天也天神之所馮也肥牲祠之用一黑犬于上用一雌雞于下刉一牝羊獻血以血祭也刉猶封也周禮曰刉珥奉犬牲嬰用吉玉彩之又加以繒彩之飾也饗之勸強之也特牲饋食禮曰執奠祝饗是也

中次六經縞羝山之首曰平逢之山南望伊洛東望穀城之山在濟北穀城縣西黃石公石在此山下張良取以合葬耳無草木無水多沙石有神焉其狀如人而二首名曰驕蟲是爲螫蟲爲螫蟲之長實惟蜂蜜之廬言羣蜂之所舍集蜜赤蜂名其祠之用一雄雞禳而勿殺禳亦祭名謂禳却惡氣也

西十里曰縞羝之山無草木多金玉

又西十里曰廆山(音如環偉之環)其陰多㻬琈之玉其西有谷焉名曰雚谷其木多柳楮其中有鳥焉狀如山雞而長尾赤如丹火而青喙名曰鴒䴋(鈐要二音)其鳴自呼服之不眯交觴之水出于其陽而南流注于洛俞隨之水出于其陰而北流注于穀水

又西三十里曰瞻諸之山其陽多金其陰多文石㴬水出焉(音謝)而東南流注于洛少水出其陰而東流注于穀水(世謂之慈澗)

又西三十里曰婁涿之山無草木多金玉瞻水出于其陽而東流注于洛陂水出于其陰(世謂之百答水)而北流注于穀水其中多茈石文石

又西四十里曰白石之山惠水出于其陽而南流注于洛其中多水玉澗水出于其陰書曰伊洛瀍澗西北流注于穀水其中多麋石櫨丹皆未聞

又西五十里曰穀山其上多穀其下多桑爽水出焉世謂之紵麻澗而西北流注于穀水其中多碧綠

又西七十二里曰密山今滎陽密縣亦有密山疑非也其陽多玉其陰多鐵豪水出焉而南流注于洛其中多旋龜其狀鳥首而鼈尾其音如判木無草木

又西百里曰長石之山無草木多金玉其西有谷焉名曰共谷多竹共水出焉西南流注于洛其中多鳴石晉永康元年襄陽郡上鳴石似玉色青撞之聲聞七八里今零陵泉陵縣永正鄉有鳴石二所其一狀如鼓俗因名

爲石鼓即此類也

又西一百四十里曰傅山無草木多瑤碧厭染之水出于其陽而南流注于洛其中多人魚其西有林焉名曰墦冢音番穀水出焉而東流注于洛今穀水出穀陽谷東北至穀城縣入洛河其中多珚玉未聞也珚音堙

又西五十里曰橐山其木多樗多𣟴木今蜀中有𣟴木七八月中吐穗穗成如有鹽粉著狀可以酢羹音備其陽多金玉其陰多鐵多蕭蕭蒿見爾雅橐水出焉而北流注于河其中多脩辟之魚狀如黽黽蛙屬也而白喙其音如鴟食之已白癬

又西九十里曰常烝之山無草木多堊潐水出焉音譙而東北流注于河其中多蒼玉菑水出焉而北流注于河

門水出于河云云乃郭注誤入正文

又西九十里曰夸父之山其木多椶枏多竹箭其獸多㸲牛羬羊其鳥多鷩其陽多玉其陰多鐵其北有林焉名曰桃林是廣員三百里其中多馬桃林今弘農湖縣閿鄉南谷中是也饒野馬山羊山牛也湖水出焉而北流注于河其中多珚玉

又西九十里曰陽華之山其陽多金玉其陰多青雄黃其草多藷藇多苦辛其狀如橚即楸字也其實如瓜其味酸甘食之已瘧楊水出焉而西南流注于洛其中多人魚門水出焉而東北流注于河其中多玄礵黑砥石生水中錯姑之水出于其陰錯音藉而東流注于門水其上多銅門水出于河七百九十里入雒水

凡縞羝山之首自平逢之山至于陽華之山凡十四山

七百九十里嶽在其中以六月祭之六月亦歲之中如諸嶽之祠法則天下安寧

中次七經苦山之首曰休與之山與或作輿下同其上有石焉名曰帝臺之棋帝臺神人名棋謂博棋也五色而文其狀如鶉卵帝臺之石所以禱百神者也禱祀百神則用此石服之不蠱有草焉其狀如蓍赤葉而本叢生名曰夙條可以爲簳中箭笴也

東三百里曰鼓鍾之山帝臺之所以觴百神也舉觴燕會則於此山因名爲鼓鍾也有草焉方莖而黃華員葉而三成葉三重也其名曰焉酸可以爲毒爲治其上多礪其下多砥

又東二百里曰姑媱之山音遙或無之山字帝女死焉其名曰女尸化爲䔄草其葉胥成言葉相重也亦音遙其華黃其實如菟

丘（菟丘菟絲也見爾雅）服之媚于人（爲人所愛也傳曰人服媚之如是一名荒夫草）

又東二十里曰苦山有獸焉名曰山膏其狀如逐（即豚字）赤若丹火善詈（好罵人）其上有木焉名曰黃棘黃華而員葉其實如蘭服之不字（字生也易曰女子貞不字）有草焉員葉而無莖赤華而不實名曰無條服之不癭

又東二十七里曰堵山神天愚居之是多怪風雨其上有木焉名曰天楄（音鞭）方莖而葵狀服者不噎（食不噎也）

又東五十二里曰放皐之山（放或作效又作牧）明水出焉南流注于伊水其中多蒼玉有木焉其葉如槐黃華而不實其名曰蒙木服之不惑有獸焉其狀如蜂枝尾而反舌善呼（好呼喚也）其名曰文文

又東五十七里曰大苦之山多㻬琈之玉多麋玉（未詳）有草焉其狀葉如榆方莖而蒼傷其名曰牛傷（猶言牛棘）其根蒼文服者不厥（厥逆氣病）可以禦兵其陽狂水出焉西南流注于伊水其中多三足龜（今吴興陽羡縣有君山山上有池水中有三足六眼龜鼈龜三足者名賁出爾雅）食者無大疾可以已腫

又東七十里曰半石之山其上有草焉生而秀其高丈餘赤葉赤華華而不實（初生先作穗却著葉花生穗間）其名曰嘉榮服之者不霆（不畏雷霆霹靂也音廷搏之廷）來需之水出于其陽而西流注于伊水其中多鯩魚（音倫）黑文其狀如鮒食者不睡合水出于其陰而北流注于洛多鰧魚（音騰）狀如鱖居逵（鱖魚大口大目細鱗有斑彩逵水中之穴道交通者鱖音劌）蒼文赤尾食者不癰可以

爲瘻[瘻癰屬也中多有蟲淮南子曰雞頭已瘻音漏]

又東五十里曰少室之山[今在河南陽城西俗名泰室]百草木成囷[未詳]其上有木焉其名曰帝休葉狀如楊其枝五衢[言樹枝交錯相重五出有象衢路也離騷曰靡萍九衢]黃華黑實服者不怒其上多玉[此山巔亦有白玉膏得服之即得仙道世人不能上也詩含神霧云]其下多鐵休水出焉而北流注于洛其中多鯑魚狀如盩蜼[未詳盩音倘]而長距足白而對[未詳]食者無蠱疾可以禦兵

又東三十里曰泰室之山[即中嶽嵩高山也今在陽城縣西]其上有木焉葉狀如梨而赤理其名曰栯木[音郁]服者不妒有草焉其狀如荣[朮似薊也]白華黑實澤如蘡薁[言子滑澤]其名曰䔄草服之不昧上多美石[次玉者也啓母化爲石而生啓在此山見淮南子]

又北三十里曰講山其上多玉多柘多柏有木焉名曰帝屋葉狀如椒反傷赤實反傷刺下句也可以禦凶

又北三十里曰嬰梁之山上多蒼玉錞于玄石言蒼玉依黑石而生也或曰錞于樂器名形似椎頭

又東三十里曰浮戲之山有木焉葉狀如樗而赤實名曰亢木食之不蠱汜水出焉而北流注于河其東有谷因名曰蛇谷言此中出蛇故以名之上多少辛細辛也

又東四十里曰少陘之山有草焉名曰䕡草音剛葉狀如葵而赤莖白華實如蘡薁食之不愚言益人智器難之水出焉或作罌而北流注于役水一作侵

又東南十里曰太山別有東小太山今在朱虛縣汶水所出疑此非也有草焉

名曰梨其葉狀如萩（萩亦蒿也音秋）而赤華可以已疽太水出于其陽而東南流注于没水（世謂之禮水）承水出于其陰而東北流注于没（世謂之靖澗水）

又東二十里曰末山上多赤金末水出焉北流注于没（水經作沫）

又東二十五里曰役山上多白金多鐵役水出焉北注于河

又東三十五里曰敏山上有木焉其狀如荊白華而赤實名曰薊（音計）柏服者不寒（令人耐寒）其陽多㻬琈之玉

又東三十里曰大騩之山（今滎陽密縣有大騩山騩因溝水所出音歸）其陰多鐵美玉青堊有草焉其狀如蓍而毛青華而白實其

名曰䕞（音狼戾）服之不夭（言盡壽也或作芺）可以爲腹病（爲治也一作已）凡苦山之首自休與之山至于大騩之山凡十有九山千一百八十四里其十六神者皆豕身而人面其祠毛牷用一羊羞（言以羊爲薦羞）嬰用一藻玉瘞（藻玉玉有五彩者也或曰所以盛玉藻藉也）苦山少室太室皆冢也其祠之太牢之具嬰以吉玉其神狀皆人面而三首其餘屬皆豕身人面也

中次八經荊山之首曰景山（今在南郡界中）其上多金玉其木多杼檀（杼音椽柱之柱）雎水出焉（雎音癰疽之疽）東南流注于江（今雎水出新城魏昌縣東南發阿山東南至南郡枝江縣入江也）其中多丹粟多文魚（有斑彩也）

東北百里曰荊山（今在新城沭鄉縣南）其陰多鐵其陽多赤金其中多犛牛（旄牛屬也黑色出西南徼外也音貍一音來）多豹虎其木多松柏

衆經音義卷四引注云鮫鯌屬也　南都賦注引此同

其草多竹多橘櫾櫾似橘而大也皮厚味酸漳水出焉而東南流注于睢睢出荆山至南郡當陽縣入沮水其中多黃金多鮫魚鮫鮒魚類也皮有珠文而堅尾長三四尺末有毒螫人皮可飾刀劒口錯治材角今臨海郡亦有之音交其獸多閭麋似鹿而大也

又東北百五十里曰驕山其上多玉其下多青雘其木多松柏多桃枝鉤端神䰠圍處之䰠音鼉魚之鼉其狀如人面羊角虎爪恒遊于睢漳之淵淵水之府奥也出入有光

又東北百二十里曰女几之山其上多玉其下多黃金其獸多豹虎多閭麋麖麂麂似獐而大偎毛豹脚音几其鳥多白鷮鷮似雉而長尾走且鳴音驕多翟多鴆鴆大如鵰紫綠色長頸赤喙食蝮蛇頭雄名運日雌名陰諧也

文選南都賦注引郭注曰堊似土白色

又東北二百里曰宂諸之山其上多金玉其下多青雘洈水出焉音詭而南流注于漳今洈水出南郡東洈山至華容縣入江也其中多白玉

又東北三百五十里曰綸山音倫其木多梓楠多桃枝多柤栗橘櫾柤似棃而酢濇其獸多閭麈麢㚟㚟似菟而鹿脚青色音綽

又東北二百里曰陸郈之山音如跪告之跪其上多㻬琈之玉其下多堊其木多杻橿

又東百三十里曰光山其上多碧其下多木神計蒙處之其狀人身而龍首恒遊于漳淵出入必有飄風暴雨

又東百五十里曰岐山其陽多赤金其陰多白珉石似玉者音旻其上多金玉其下多青雘其木多樗神涉鼉處之徒河

切一作蟉笑遊切其狀人身而方面三足

又東百三十里曰銅山其上多金銀鐵其木多穀柞柤栗橘櫾其獸多豹

又東北一百里曰美山其獸多兕牛多閭麈多豕鹿其上多金其下多青雘

又東北百里曰大堯之山其木多松柏多梓桑多机其草多竹其獸多豹虎麢㚟

又東北三百里曰靈山其上多金玉其下多青雘其木多桃李梅杏梅似杏而酢也

又東北七十里曰龍山上多寓木寄生也一名宛童見爾雅其上多碧其下多赤錫其草多桃枝鉤端

下文云虖尾之山多封石郭封二字必有一誤篇内作郭石者二作封石者六

又東南五十里曰衡山上多寓木穀柞多黃堊白堊

又東南七十里曰石山其上多金其下多青雘多寓木

又南百二十里曰若山其上多㻬琈之玉多赭赤土多封石未詳多寓木多柘若或作前

又東南一百二十里曰勆山多美石多柘

又東南一百五十里曰玉山其上多金玉其下多碧鐵其木多柏一作榗

又東南七十里曰讙山其木多檀多邽石多白錫今白鑞也郁水出于其上潛于其下其中多砥礪

又東北百五十里曰仁舉之山其木多穀柞其陽多赤金其陰多赭

又東五十里曰師每之山其陽多砥礪其陰多青雘其木多柏多檀多柘其草多竹

又東南二百里曰琴鼓之山其木多穀柞椒柘（椒爲樹小而叢生下有草木則蠧死）其上多白珉其下多洗石其獸多豕鹿多白犀其鳥多鴆

凡荊山之首自景山至琴鼓之山凡二十三山二千八百九十里其神狀皆鳥身而人面其祠用一雄雞祈瘞（禱請已埋之也）用一藻圭糈用稌驕山冢也其祠用羞酒少牢祈瘞嬰毛一璧

中次九經岷山之首曰女凡之山其上多石涅其木多杻橿其草多菊茉洛水出焉東注于江其中多雄黃（雄黃）

亦出水中其獸多虎豹

又東北三百里曰岷山江水出焉岷山今在汶山郡廣陽縣西大江所出東北流注于海至廣陽縣入海其中多良龜良善多鼉似蜥蜴大者長二丈有鱗彩皮可以冒鼓其上多金玉其下多白珉其木多梅棠其獸多犀象多夔牛今蜀山中有大牛重數千斤名為夔牛晉太興元年此牛出上庸郡人弩射殺得三十八擔肉即爾雅所謂魏其鳥多翰鷩白翰赤鷩

又東北一百四十里曰崍山江水出焉邛來山今在漢嘉嚴道縣南江水所自出也山有九折阪出狛狛似熊而黑白駮亦食銅鐵也東流注大江其陽多黃金其陰多麋麈其木多檀柘其草多薤韭多葯即藚空奪即蛇皮脫也

又東一百五十里曰崌山音居江水出焉北江東流注于大

江蛇行以注作鉤取斷岸人及牛馬啖之

江其中多怪蛇今永昌郡有鉤蛇長數丈尾岐在水中鉤取岸上人及牛馬啖之又呼馬絆蛇謂此類也多鰲魚音贅未聞其木多楢杻楢剛木也中車材音秋多梅梓其獸多夔牛麢㚟犀兕有鳥焉狀如鵠而赤身白首其名曰竊脂今呼小青雀曲觜肉食者爲竊脂疑此非也可以禦火

又東三百里曰高粱之山其上多堊其下多砥礪其木多桃枝鉤端有草焉狀如葵而赤華莢實白柎可以走馬

又東四百里曰蛇山其上多黄金其下多堊其木多栒多豫章其草多嘉榮少辛有獸焉其狀如狐而白尾長耳名㚥狼音巴見則國内有兵一作國有亂

又東五百里曰鬲山其陽多金其陰多白珉蒲鸏音甍之

水出焉而東流注于江其中多白玉其獸多犀象熊羆多猨蜼（蜼似獼猴鼻露上向尾四五尺頭有岐蒼黃色雨則自縣樹以尾塞鼻孔或以兩指塞之）

又東北三百里曰隅陽之山其上多金玉其下多青雘其木多梓桑其草多茈徐之水出焉東流注于江其中多丹粟

又東二百五十里曰岐山（今在扶風美陽縣西）其上多白金其下多鐵其木多梅梓（梅或作⿱艹敏）多杻檀減水出焉東南流注于江

又東三百里曰勾檷之山（音絡椐之椐）其上多玉其下多黃金其木多櫟柘其草多芍藥

又東一百五十里曰風雨之山其上多白金其下多石

涅其木多棷樿棷木未詳也樿木白理中櫛騶善二音多楊宣余之水出焉東流注于江其中多虵其獸多閭麋多麈豹虎其鳥多白鷮

又東北二百里曰玉山其陽多銅其陰多赤金其木多豫樟楢杻其獸多豕鹿麢㚟其鳥多鴆

又東一百五十里曰熊山有穴焉熊之穴恒出神人夏啓而冬閉是穴也冬啓乃必有兵今鄴西北有鼓山下有石鼓象縣著山旁鳴則有軍事與此穴殊象而同應其上多白玉其下多白金其木多樗柳其草多寇脫

又東一百四十里曰騩山其陽多美玉赤金其陰多鐵其木多桃枝荊芭芑

南山經云虖勺之山其下多荊杞東山經云餘峩之山其下多荊芑 下文云歷石之山其木多荊芑

又東二百里曰葛山其上多赤金其下多瑊石[瑊石勁石似玉也音緘]其木多柤栗橘櫾楢杻其獸多麢㚟其草多嘉榮

又東一百七十里曰賈超之山其陽多黃堊其陰多美赭其木多柤栗橘櫾其中多龍脩[龍須也似莞而細生山石穴中莖倒垂可以為席]

凡岷山之首自女几山至于賈超之山凡十六山三千五百里其神狀皆馬身而龍首其祠毛用一雄雞瘞糈用稌文山勾檷風雨騩之山是皆冢也其祠之羞酒[先進酒以酹神]少牢具嬰毛一吉玉熊山席也[席者神之所馮止也]其祠羞酒太牢具嬰毛一璧干儛用兵以禳[禳祓除之祭名儛者持盾武儛也]祈璆冕舞[祈求福祥也祭用玉儛者冕服也美玉曰璆巳求反]

中次十經之首曰首陽之山其上多金玉無草木

又西五十里曰虎尾之山其木多椒椐多封石其陽多赤金其陰多鐵

又西南五十里曰繁繢音潰之山其木多楢杻其草多枝勾今山中有此草

又西南二十里曰勇石之山無草木多白金多水

又西二十里曰復州之山其木多檀其陽多黃金有鳥焉其狀如鴞而一足彘尾其名曰跂踵見則其國大疫銘曰跂踵爲鳥一足似夔不爲樂興反以來悲

又西三十里曰楮山多寓木多椒椐多柘多堊一作渚州之山

又西二十里曰又原之山其陽多青雘其陰多鐵其鳥

多鸜鵒鸜鵒也傳曰鸜鵒來巢音臞

又西五十里曰涿山其木多穀柞杻其陽多㻬琈之玉

又西七十里曰丙山其木多梓檀多弞杻弞義所未詳

凡首陽山之首自首山至于丙山凡九山二百六十七里其神狀皆龍身而人面其祠之毛用一雄雞瘞糈用五種之糈堵山冢也其祠之少牢具羞酒祠嬰毛一璧瘞騩山帝也其祠羞酒太牢其合巫祝二人儛嬰一璧

中次一十一山經荊山之首曰翼望之山湍水出焉鹿摶反東流注于濟今湍水逕南陽穰縣而入清水貺水出焉音况東南流注于漢其中多蛟似蛇而四脚小頭細頸有白癭大者十數圍卵如一二石瓮能吞人其上多松柏其下多漆梓其陽多赤金其陰多珉

又東北一百五十里曰朝歌之山潕水出焉潕水今在南陽舞陽縣音武東南流注于滎其中多人魚其上多梓枏其獸多麢麖有草焉名曰莽草可以毒魚今用之殺魚

又東南二百里曰帝囷之山去倫反其陽多㻬琈之玉其陰多鐵帝囷之水出于其上潛于其下多鳴蛇

又東南五十里曰視山其上多韭有井焉名曰天井夏有水冬竭其上多桑多美堊金玉

又東南二百里曰前山其木多櫧似柞子可食冬夏生作屋柱難腐音諸或作儲多柏其陽多金其陰多赭

又東南三百里曰豐山有獸焉其狀如蝯赤目赤喙黃身名曰雍和見則國有大恐神耕父處之常遊清泠之

淵出入有光清泠水在西號郊縣山上神來時水赤有光耀今有屋祠之見則其國爲敗有九鍾焉是知霜鳴霜降則鍾鳴故言知也物有自然感應而不可爲也其上多金其下多穀柞杻橿

又東北八百里曰兎牀之山其陽多鐵其木多藷藇其草多雞穀其本如雞卵其味酸甘食者利于人

又東六十里曰皮山多堊多赭其木多松柏

又東六十里曰瑤碧之山其木多梓柟其陰多青雘其陽多白金有鳥焉其狀如雉恒食蜚名曰鴆蜚負盤也音翡此更一種鳥非食虵之鴆也

又東四十里曰支離之山濟水出焉南流注于漢今濟水出酈縣西北山中南入漢酈離音字亦同有鳥焉其名曰嬰勺其狀如鵲赤

目赤喙白身其尾若勺似酒勺形其鳴自呼多牸牛多羬羊

又東北五十里曰祑筒之山音彫其上多松柏机柏柏葉似柳皮黃不措子如楝著酒中飲之辟惡氣浣衣去垢核堅正黑可以間香纓一名括樓也

又西北一百里曰堇理之山其上多松柏多美梓其陰多丹雘多金其獸多豹虎有鳥焉其狀如鵲青身白喙白目白尾名曰青耕可以禦疫其鳴自叫

又東南三十里曰依軲之山音枯其上多杻橿多苴未詳音葅有獸焉其狀如犬虎爪有甲其名曰獜言體有鱗甲音吝善駚坌跳躍自撲也鞅奮兩音食者不風不畏天風

又東南三十五里曰即谷之山多美玉多玄豹黑豹也即今荊州山中出黑虎也多閭麋多麢㚟其陽多珉其陰多青雘

又東南四十里曰雞山其上多美梓多桑其草多韭

又東南五十里曰高前之山其上有水焉甚寒而清或作潛帝臺之漿也今河東解縣南檀首山上有水潛出停不流俗名爲盎漿即此類也飲之者不心痛其上有金其下有赭

又東南三十里曰游戲之山多杻橿穀多玉多封石

又東南三十五里曰從山其上多松柏其下多竹從水出于其上潛于其下其中多三足鼈枝尾三足鼈名能見爾雅食之無蠱疫

又東南三十里曰嬰磹之山音眞其上多松柏其下多梓櫄

又東南三十里曰畢山帝苑之水出焉東北流注于視

其中多水玉多蛟其上多㻬琈之玉
又東南二十里曰樂馬之山有獸焉其狀如彙赤如丹火其名曰㹸音戾見則其國大疫
又東南二十五里曰葴山視水出焉或曰視宜爲𧢻𧢻水今在南陽也東南流注于汝水其中多人魚多蛟多頡如青狗
又東四十里曰嬰山其下多青雘其上多金玉
又東三十里曰虎首之山多苴椆椐椆未詳也音彫
又東二十里曰嬰侯之山其上多封石其下多赤錫
又東五十里曰大孰之山殺水出焉東北流注于視水其中多白堊
又東四十里曰卑山其上多桃李苴梓多纍今虎豆貍豆之屬纍

一名縢音耒

又東三十里曰倚帝之山其上多玉其下多金有獸焉其狀如鼣鼠爾雅說鼠有十三種中有此鼠形所未詳也音狗吠之吠白耳白喙名曰狙如音即蛆反見則其國有大兵

又東三十里曰鯢山音倪鯢水出于其上潛于其下其中多美堊其上多金其下多青雘

又東三十里曰雅山澧水出焉音禮今澧水出南陽東流注于視水其中多大魚其上多美桑其下多苴多赤金

又東五十里曰宣山淪水出焉東南流注于視水其中多蛟其上有桑焉大五十尺圍五丈也其枝四衢言枝交互四出其葉大尺餘赤理黃華青柎名曰帝女之桑婦女主蠶故以名桑

又東四十五里曰衡山（今衡山在衡陽湘南縣南嶽也俗謂之岣嶁山）其上多青雘多桑其鳥多鸜鵒

又東四十里曰豐山其上多封石其木多桑多羊桃狀如桃而方莖（一名鬼桃）可以為皮張（治皮腫起）

又東七十里曰嫗山其上多美玉其下多金其草多雞穀

又東三十里曰鮮山其木多楢杻苴其草多虋冬其陽多金其陰多鐵有獸焉其狀如膜犬赤喙赤目白尾見則其邑有火名曰㺅即（音移）

又東三十里曰章山（或作童山）其陽多金其陰多美石皐水出焉東流注于澧水其中多脆石（未聞魚脆反）

又東二十五里曰大支之山其陽多金其木多穀柞無草木

又東五十里曰區吳之山其木多苴

又東五十里曰聲匈之山其木多穀多玉上多封石

又東五十里曰大騩之山（上已有此山疑同名）其陽多赤金其陰多砥石

又東十里曰踵臼之山無草木

又東北七十里曰歷（或作磿）石之山其木多荊芑其陽多黃金其陰多砥石有獸焉其狀如貍而白首虎爪名曰梁渠見則其國有大兵

又東南一百里曰求山求水出于其上潛于其下中有

美赭其木多苴多箭（篠屬）其陽多金其陰多鐵

又東二百里曰丑陽之山其上多椆椐有鳥焉其狀如烏而赤足名曰駅鵌（音如枳柑之枳）可以禦火

又東三百里曰奥山其上多柏杻橿其陽多㻬琈之玉奥水出焉東流注于視水

又東三十五里曰服山其木多苴其上多封石其下多赤錫

又東三百里曰杳山其上多嘉榮草多金玉

又東三百五十里曰几山其木多楢檀杻其草多香有獸焉其狀如彘黃身白頭白尾名曰聞獜（音鄰）見則天下大風（獜一作䝁音瓴）

凡荊山之首自翼望之山至于几山凡四十八山三千七百三十二里其神狀皆彘身人首其祠毛用一雄雞祈瘞用一珪糈用五種之精（備五穀之美者）禾山帝也其祠太牢之具羞瘞倒毛（薦羞反倒牲埋之也）用一璧牛無常堵山玉山冢也皆倒祠羞毛少牢嬰毛吉玉

中次十二經洞庭山之首曰篇遇之山（或作肩）無草木多黃金

又東南五十里曰雲山無草木有桂竹甚毒傷人必死（今始興郡桂陽縣出筀竹大者圍二尺長四丈又交阯有篥竹實中勁強有毒鋭以刺虎中之則死亦此類也）其上多黃金其下多㻬琈之玉

又東南一百三十里曰龜山其木多穀柞椆椐其上多

雞鼓疑雞穀之誤上文云光林之山其草多雞穀又云嫗山其草多雞穀

黃金其下多青雄黃多扶竹邛竹也高節實中中杖也名之扶老竹

又東七十里曰丙山多筀竹多黃金銅鐵無木

又東南五十里曰風伯之山其上多金玉其下多痠石文石未詳痠石之義多鐵其木多柳杻檀楮其東有林焉名曰莽浮之林多美木鳥獸

又東一百五十里曰夫夫之山其上多黃金其下多青雄黃其木多桑楮其草多竹雞鼓神于兒居之其狀人身而身操兩蛇常遊于江淵出入有光

又東南一百二十里曰洞庭之山今長沙巴陵縣西又有洞庭陂潛伏通江離騷曰邅吾道兮洞庭洞庭波兮木葉下皆謂此也字或作銅宜從水其上多黃金其下多銀鐵其木多柤棃橘櫾其草多葌蘪蕪芍藥芎藭蘪蕪

似虵牀而香也帝之二女居之天帝之二女而處江爲神即列仙傳江妃二女也離騷九歌所謂湘夫人稱帝子者是也而河圖玉版曰湘夫人者帝堯女也秦始皇浮江至湘山逢大風而問博士湘君何神博士曰聞之堯二女舜妃也死而葬此列女傳曰二女死於江湘之間俗謂爲湘君鄭司農亦以舜妃爲湘君說者皆以舜陟方而死二妃從之俱溺死於湘江遂號爲湘夫人按九歌湘君湘夫人自是二神江湘之有夫人猶河洛之有虙妃也此之爲靈與天地竝矣安得謂之堯女且既謂之堯女安得復總云湘君哉何以考之禮記曰舜葬蒼梧二妃不從明二妃生不從征死不從葬義可知矣即令從之二女靈達鑒通無方尚能以鳥工龍裳救井廩之難豈當不能自免於風波而有雙淪之患乎假復如此傳曰生爲上公死爲貴神禮五嶽比三公四瀆比諸侯今湘川不及四瀆無秩於命祀而二女帝者之后配靈神祇無緣當復下降小水而爲夫人也參互其義義既混錯錯綜其理理無可據斯不然矣原其致謬之由由乎俱以帝女爲名名實相亂莫矯其失習非勝是終古不悟可悲矣是常遊于江淵澧沅之風交瀟湘之淵此言二女遊戲江之淵府則能鼓三江令風波之氣共相交通言其靈響之意也江湘沅水皆共會巴陵

頭故號爲三江之口澧又去之七八十里而入江焉淮南子曰弋釣瀟湘今所在未詳也瀟音消是在九江之間地理志九江今在潯陽南江自潯陽而分爲九皆東會於大江書曰九江孔殷是也出入必以飄風暴雨是多怪神狀如人而載蛇左右手操蛇多怪鳥

又東南一百八十里曰暴山其木多椶柟荊芑竹箭篃箘箘亦篠類中箭見禹貢其上多黃金玉其下多文石鐵其獸多麋鹿麐就就鵰也見廣雅

又東南二百里曰即公之山其上多黃金其下多㻬琈之玉其木多柳杻檀桑有獸焉其狀如龜而白身赤首名曰蛫音詭是可以禦火

又東南一百五十九里曰堯山其陰多黃堊其陽多黃

昭覽本郭如作直陵
和字峯本郭曰

金其木多荊芑柳檀其草多藷藇芫

又東南一百里曰江浮之山其上多銀砥礪無草木其獸多豕鹿

又東二百里曰眞陵之山其上多黃金其下多玉其木多穀柞柳杻其草多榮草

又東南一百二十里曰陽帝之山多美銅其木多橿杻檿楮（檿山桑也）其獸多麢麝

又南九十里曰柴桑之山（今在潯陽柴桑縣南共廬山相連也）其上多銀其下多碧多冷石赭其木多柳芑楮桑其獸多麋鹿多白蛇飛蛇（即螣蛇乘霧而飛者）

又東二百三十里曰榮余之山其上多銅其下多銀其

帝王世紀引作名山五千三百五十見郡國志注

木多柳芑其蟲多怪蛇怪蟲

凡洞庭山之首自篇遇之山至于榮余之山凡十五山二千八百里其神狀皆鳥身而龍首其祠毛用一雄雞一牝豚刉（刉亦割刺之名）糈用稌凡夫夫之山即公之山堯山陽帝之山皆冢也其祠皆肆瘞（肆陳之也陳牲玉而後薶藏之）祈用酒毛用少牢嬰毛一吉玉洞庭榮余山神也其祠皆肆瘞（肆竟然後依前薶之也）祈酒太牢祠嬰用圭璧十五五彩惠之（惠猶飾也方言也）

右中經之山志大凡百九十七山二萬一千三百七十一里大凡天下名山五千三百七十居地大凡六萬四千五十六里

天下名山有五千[illegible]十所經五万四千[illegible]
羅[illegible]論五行
出水之山者開元占經地占篇引此無之山二字
帝王世紀引同 太平御覽引同
[illegible]

禹曰天下名山經五千三百七十山六萬四千五十六里居地也言其五臧蓋其餘小山甚衆不足記云天地之東西二萬八千里南北二萬六千里出水之山者八千里受水者八千里出銅之山四百六十七出鐵之山三千六百九十此天地之所分壤樹穀也戈矛之所發也刀鎩之所起也能者有餘拙者不足封於太山禪於梁父七十二家得失之數皆在此内是謂國用管子地數云封禪之王七十二家也

右五臧山經五篇大凡一萬五千五百三字

歙縣項絪校刊

山海經第五卷

山海經第六

晉　郭璞　傳

海外南經

地之所載六合之間四方上下爲六合也四海之內照之以日月經之以星辰紀之以四時要之以太歲神靈所生其物異形或夭或壽唯聖人能通其道言自非窮理盡性者則不能原極其情變

海外自西南陬至東南陬者陬猶隅也音騶

結匈國在其西南其爲人結匈臆前朕出如人結喉也

南山在其東南自此山來蟲爲蛇蛇號爲魚以蟲爲蛇以蛇爲魚一曰南山在結匈東南

比翼鳥在其東其爲鳥青赤似鳧兩鳥比翼一曰在南山東

天下名山有五千三万七十所經五万四千五百里 羅泌論五注引

出水之山者開元占經地占篇引此無之山二字 帝王世紀引同 太平御覽引同

曰天下名山經五千三百七十山六萬四千五十六居地也言其五臧蓋其餘小山甚衆不足記云天地之東西二萬八千里南北二萬六千里出水之山者八千里受水者八千里出銅之山四百六十七出鐵之山三千六百九十此天地之所分壤樹穀也戈矛之所發也刀鎩之所起也能者有餘拙者不足封於太山禪於梁父七十二家得失之數皆在此内是謂國用管子地數云封禪之王七十二家也

右五臧山經五篇大凡一萬五千五百三字

歙縣項絪校刊

山海經第五卷

山海經第六

晉　郭璞　傳

海外南經

地之所載六合之間（四方上下爲六合也）四海之内照之以日月經之以星辰紀之以四時要之以太歲神靈所生其物異形或夭或壽唯聖人能通其道（言自非窮理盡性者則不能原極其情變）

海外自西南陬至東南陬者（陬猶隅也音騶）

結匈國在其西南其爲人結匈（臆前胅出如人結喉也）南山在其東南自此山來蟲爲蛇蛇號爲魚（以蟲爲蛇以蛇爲魚）一曰南山在結匈東南比翼鳥在其東其爲鳥青赤（似鳧）兩鳥比翼一曰在南山東

羽民國在其東南其爲人長頭身生羽能飛不能遠卵生畫似仙人也

一曰在比翼鳥東南其爲人長頰啓筮曰羽民之狀鳥喙赤目而白首有

神人二八連臂爲帝司夜於此野晝隱夜見在羽民東其爲

人小頰赤肩當脾上正赤也盡十六人疑此後人所增益語耳

畢方鳥在其東青水西其爲鳥人面一脚一曰在二八

神東

讙頭國在其南其爲人人面有翼鳥喙方捕魚讙兜堯臣有罪自投南海而死帝憐之使其子居南海而祠之畫亦似仙人也一曰在畢方東或曰讙

朱國

厭火國在其國南獸身黑色生火出其口中言能吐火畫似獼猴而黑色也一曰在讙朱東

三珠樹在厭火北生赤水上其爲樹如柏葉皆爲珠一曰其爲樹若彗 如彗星狀

三苗國在赤水東其爲人相隨 昔堯以天下讓舜三苗之君非之帝殺之有苗之民叛入南海爲三苗國 一曰三毛國

𢧢國在其東 音秩亦音替 其爲人黃能操弓射蛇 大荒經云此國自然有五穀衣服 一曰𢧢國在三毛東

貫匈國在其東其爲人匈有竅 尸子曰四夷之民有貫匈者有深目者有長肱者黃帝之德常致之異物志曰穿匈之國去其衣則無自然者蓋似效此貫匈人也 一曰在𢧢國東

交脛國在其東其爲人交脛 言脚脛曲戾相交所謂雕題交趾者也或作頸其爲人交頸而行也 一曰在穿匈東

不死民在其東其爲人黑色壽不死（有員丘山上有不死樹食之乃壽亦有赤泉飲之不老）一曰在穿匈國東

岐舌國在其東（其人舌皆岐或云支舌也）一曰在不死民東

崑崙墟在其東墟四方（墟山下基也）一曰在岐舌東爲墟四方

羿與鑿齒戰於壽華之野羿射殺之在崑崙墟東羿持弓矢鑿齒持盾（鑿齒亦人也齒如鑿長五六尺因以名云）一曰戈（未詳）

三首國在其東其爲人一身三首一曰在鑿齒東

周饒國在其東其爲人短小冠帶（其人長三尺穴居能爲機巧有五穀也）一曰焦僥國在三首東（外傳云焦僥民長三尺短之至也詩含神霧曰從中州以東西四十萬里得焦僥國人長尺五寸也）

長臂國在其東捕魚水中兩手各操一魚（舊說云其人手下垂至地）

魏黄初中玄菟太守王頎討高句麗王宫竄追之過沃沮國其東界臨大海近日之所出問其耆老海東復有人否云嘗在海中得一布褶身如中人衣兩袖長三尺即此長臂人衣也 一曰在焦僥東捕魚海中

狄山帝堯葬于陽 呂氏春秋曰堯葬穀林今陽城縣西東阿縣城次鄉中赭陽縣湘亭南皆有堯冢 帝嚳葬于陰 嚳堯父號高辛今冢在頓丘縣城南臺陰野中也音酷 爰有熊羆文虎 彫虎也尸子曰中黄伯曰余左執大行之獶而右搏彫虎也 蜼豹 蜼獼猴類 離朱 木名也見莊子今圖作赤鳥 視肉 聚肉形如牛肝有兩目也食之無盡尋復更生如故 吁咽 所未詳也 文王皆葬其所 今文王墓在長安鄗聚社中按帝王冢墓皆有定處而山海經往往復見之者蓋以聖人久於其位仁化廣及恩洽鳥獸至於殂亡四海若喪考妣無思不哀故絶域殊俗之人聞天子崩各自立坐而祭醊哭泣起土為冢是以所在有焉亦猶漢氏諸遠郡國皆有天子廟此其遺象也

一曰湯山一曰爰有熊羆文虎蜼豹離朱鴟久 鴟久鵂鶹之屬

范林方三百里 背别為一條 共呂衍 海外北經亦云范林方三百里 海内南經氾林方三百里 共嘉 有呂氏謂海内西經云崑崙南淵有氾林方三百里

視肉虖交所未詳也其范林方三百里言林木氾濫布衍也

南方祝融獸身人面乘兩龍火神也

山海經第六

歙縣項絪校刊

山海經第七

晉 郭璞 傳

海外西經

海外自西南陬至西北陬者

滅蒙鳥在結匈國北爲鳥青赤尾

大運山高三百仞在滅蒙鳥北

大樂之野夏后啓于此儛九代（九代馬名儛謂盤作之令舞也）乘兩龍雲蓋三層（層猶重也）左手操翳（羽葆幢也）右手操環（玉空邊等爲環）佩玉璜（半璧曰璜）在大運山北（歸藏鄭母經曰夏后啓筮御飛龍登于天吉明啓亦仙也）一曰大遺之野（大荒經云大穆之野）

三身國在夏后啓北一首而三身

一臂國在其北一臂一目一鼻孔有黃馬虎文一目而一手

奇肱之國肱或作弘奇音羈在其北其人一臂三目有陰有陽乘文馬陰在上陽在下文馬即吉良也有鳥焉兩頭赤黃色在其旁其人善為機巧以取百禽能作飛車從風遠行湯時得之於豫州界中即壞之不以示人後十年西風至復作遣之

形天與帝至此爭神帝斷其首葬之常羊之山乃以乳為目以臍為口操干戚以舞干盾戚斧也是為無首之民

女祭女戚在其北居兩水間戚操魚䱇䱇魚屬祭操俎肉几

䳐鳥鸇鳥次詹兩音其色青黃所經國亡此應禍之鳥即今梟鵂鶹之類在女祭北䳐鳥人面居山上一曰維鳥青鳥黃鳥所集

丈夫國在維鳥北其為人衣冠帶劍殷帝太戊使王孟採藥從西王母至

陶潛讀山海經詩 [illegible] 形夭 [illegible]

大荒西经有寒荒之國有二人女祭女薎注云或持觶或持俎案此女戚亦當作女薎因上文干戚字而誤為戚也魚䱇當為角觛注內觶魚屬當為角觛觶屬說文觛小觶也

[illegible]

此絶糧不能進食木實衣木皮終身無妻而生二子從形中出其父即死是爲丈夫民

女丑之尸生而十日炙殺之在丈夫北以右手鄣其面蔽面十日居上女丑居山之上

巫咸國在女丑北右手操青蛇左手操赤蛇在登葆山羣巫所從上下也採藥往來

并封在巫咸東其狀如彘前後皆有首黑今弩弦蛇亦此類也

女子國在巫咸北兩女子居水周之有黄池婦人入浴出即懷姙矣若生男子三歲輒死周猶繞也離騷曰水周於堂下也一曰居一門中

軒轅之國在此窮山之際其不壽者八百歲其國在山南邊也大荒經曰岷山之南在女子國北人面蛇身尾交首上窮山在其北不敢西射畏軒轅之丘言敬畏黄帝威靈故不敢向西而射也在軒轅

夭即沃字也大荒西經云有沃之國沃民是處沃之野鳳鳥之卵是食甘露是飲凡其所欲其味盡存

江賦注引龍鯉一角注山海經曰龍鯉陵居其狀如鯉或曰龍魚一角

國北其丘方四蛇相繞（繚繞樛纏）此諸夭之野（夭音妖）鸞鳥自歌鳳鳥自舞鳳皇卵民食之甘露民飲之所欲自從也（言滋味無所不有所願得自在此謂夭野也）百獸相與羣居在四蛇北其人兩手操卵食之兩鳥居前導之

龍魚陵居在其北狀如貍（或曰龍魚似貍一角）一曰鰕（音遐）即有神聖乘此以行九野（九域之野）一曰鼈魚（鼈音惡橫也）在夭野北其爲魚也如鯉

白民之國在龍魚北白身被髮（言其人體洞白）有乘黃其狀如狐其背上有角乘之壽二千歲（周書曰白民乘黃似狐背上有兩角即飛黃也淮南子曰天下有道飛黃伏皁）

肅愼之國在白民北有樹名曰雄（或作雒）常先入伐帝於

此取之其俗無衣服中國有聖帝代立者則此木生皮可衣也

長股之國在雄常北被髮國在赤水東也長臂人身如中人而臂長三丈以類推之則此人脚過三丈矣黃帝旹至或曰長脚人常負長臂人入海中捕魚也一曰長脚或曰有喬國今伎家喬人蓋象此身

西方蓐收左耳有蛇乘兩龍金神也人面虎爪白毛執鉞見外傳

山海經第七

歙縣項絪校刊

山海經第八

晉　郭璞　傳

海外北經

海外自東北陬至西北陬者

無䏿之國音啓或作綮在長股東爲人無䏿䏿肥腸也其人穴居食土無男女死即薶之其心不朽死百廿歲乃復更生

鍾山之神名曰燭陰燭龍也是燭九陰因名云視爲晝瞑爲夜吹爲冬呼爲夏不飲不食不息息爲風息氣息也身長千里在無䏿之東其爲物人面蛇身赤色居鍾山下淮南子曰龍身一足

一目國在其東一目中其面而居一曰有手足

柔利國在一目東爲人一手一足反膝曲足居上一脚一手

厥亦觸也

反卷曲也一云留利之國人足反折

共工之臣曰相柳氏共工霸九州者九首以食于九山頭各自食一山之物言貪暴難饜相柳之所抵厥爲澤谿抵觸厥掘也音撅禹殺相柳其血腥不可以樹五穀種禹厥之三仞三沮掘塞之而土三沮陷言其血膏浸潤壞也乃以爲衆帝之臺言地潤溼唯可積土以爲臺觀在崑崙之北此崑崙山在海外者柔利之東相柳者九首人面蛇身而青不敢北射畏共工之臺臺在其東臺四方隅有一蛇虎色首衝南方衝猶向也

深目國在其東爲人舉一手一目一作曰在共工臺東

無腸之國在深目東一作南其爲人長而無腸爲人長大腹內無腸所食之物直通過

聶耳之國在無腸國東使兩文虎爲人兩手聶其耳言耳長行則以手攝持之也音諾頰反縣居海水中縣猶邑也及水所出入奇物言盡規有之兩虎在其東

夸父與日逐走入日言及日於將入也逐音胄渴欲得飲飲于河渭河渭不足北飲大澤未至道渴而死弃其杖化爲鄧林夸父者蓋神人之名也其能及日景而傾河渭豈以走飲哉寄用於走飲耳幾乎不疾而速不行而至者矣此以一體爲萬殊存亡代謝寄鄧林而遯形惡得尋其靈化哉

博父國在聶耳東其爲人大右手操青蛇左手操黃蛇鄧林在其東二樹木一曰博父禹所積石之山在其東河水所入河出崑崙而潛行地下至蔥嶺復出注鹽澤從鹽澤復行南出於此山而爲中國河遂注海也書曰導河積石言時有壅塞故導利以通之

拘纓之國在其東一手把纓（言其人常以一手持冠纓也或曰纓宜作癭）一曰利纓之國尋木長千里在拘纓南生河上西北

跂踵國（跂音企）在拘纓東其為人大兩足亦大（其人行腳跟不著地也孝經鉤命訣曰焦僥跂踵重譯款塞也）一曰大踵

歐絲之野在大踵東一女子跪據樹歐絲（言噉桑而吐絲蓋蠶類也）

三桑無枝在歐絲東其木長百仞無枝（言皆長百仞也）

范林方三百里在三桑東洲環其下（洲水中可居者環繞也）

務隅之山帝顓頊葬于陽（顓頊號為高陽冢今在濮陽故帝丘也一曰頓丘縣城門外廣陽里中）九嬪葬于陰（嬪婦）一曰爰有熊羆文虎離朱鴟久視肉

平丘在三桑東爰有遺玉（遺玉玉石）青鳥視肉楊柳甘柤（其樹

枝幹皆赤黃華白葉黑實呂氏春秋曰其山之東有甘柤馬音如柤梨之柤甘華亦赤枝幹黃華百果所生有兩山夾上谷二大丘居中名曰平丘

北海內有獸其狀如馬名曰騊駼陶塗兩音見爾雅有獸焉其名曰駮狀如白馬鋸牙食虎豹周書曰義渠茲白茲白若白馬鋸牙食虎豹按此二說與爾雅同有素獸焉狀如馬名曰蛩蛩即蛩蛩鉅虛也一走百里見穆天子傳音邛有青獸焉狀如虎名曰羅羅

北方禺彊人面鳥身珥兩青蛇踐兩青蛇字玄冥水神也莊周曰禺彊立於北極一曰禺京一本云北方禺彊黑身手足乘兩龍

山海經第八

歙縣項絪校刊

山海經卷八

山海經第九

晉 郭璞 傳

海外東經

海外自東南陬至東北陬者

⿱髟差丘音嗟或作髮爰有遺玉青馬視肉楊柳甘柤甘華甘果所生在東海兩山夾丘上有樹木一曰嗟丘一曰百果所在在堯葬東

大人國在其北爲人大坐而削船一曰在⿱髟差丘北

奢比之尸在其北亦神名也獸身人面大耳珥兩青蛇珥以蛇貫耳也音釣餌之餌一曰肝榆之尸在大人北

君子國在其北衣冠帶劒食獸使二大虎在旁其人好

讓不爭有薰〈或作堇〉華草朝生夕死一曰在肝榆之尸北

𧈢𧈢在其北〈音虹〉各有兩首〈虹螮蝀也〉一曰在君子國北

朝陽之谷神曰天吳是爲水伯在𧈢𧈢北兩水間其爲獸也八首人面八足八尾皆青黄〈大荒東經作十尾〉

青丘國在其北〈其人食五穀衣絲帛〉其狐四足九尾一曰在朝陽北〈汲郡竹書曰柏杼子征於東海及王壽得一狐九尾即此類也〉

帝命竪亥步自東極至于西極五億十選〈竪亥健行人　選萬也〉九千八百步竪亥右手把算左手指青丘北一曰禹令竪亥一曰五億十萬九千八百步〈詩含神霧曰天地東西二億三萬三千里南北二億一千五百里天地相去一億五萬里〉

黑齒國在其北〈東夷傳曰倭國東四千餘里有裸國裸國東南有黑齒國船行一年可至也異

物志云西屠染齒亦以放此人爲人黑食稻啖虵一赤一青一作一青虵在其旁一曰在豎亥北爲人黑首食稻使虵其一虵赤下有湯谷谷中水熱也湯谷上有扶桑扶桑木也十日所浴在黑齒北居水中有大木九日居下枝一日居上枝莊周云昔者十日竝出草木焦枯淮南子亦云堯乃令羿射十日中其九日日中烏盡死離騷所謂羿焉畢日烏焉落羽者也歸藏鄭母經云昔者羿善射畢十日果畢之汲郡竹書曰胤甲即位居西河有妖孽十日竝出明此自然之異有自來矣傳曰天有十日日之數十此云九日居下枝一日居上枝大荒經又云一日方至一日方出明天地雖有十日自使以次第迭出運照而今俱見爲天下妖災故羿稟堯之命洞其靈誠仰天控弦而九日潛退也假令器用可以激水烈火精感可以降霜回景然則羿之鑠明離而斃陽烏未足爲難也若搜之常情則無理矣然推之以數則無往不通達觀之客宜領其玄致歸之冥會則逸義無滯言奇不廢矣雨師妾在其北雨師謂屛翳也其爲人黑兩手各操一虵左耳有青虵右耳

有赤虵一曰在十日北爲人黑身人面各操一龜

玄股之國在其北髀以下盡黑故云其爲人衣魚以魚皮爲衣也食鷗鷗水鳥也音憂使兩鳥夾之一曰在雨師妾北

毛民之國在其北爲人身生毛今去臨海郡東南二千里有毛民在大海洲島上爲人短小面體盡有毛如豬能穴居無衣服晉永嘉四年吳郡司鹽都尉戴逢在海邊得一船上有男女四人狀皆如此言語不通送詣丞相府未至道死唯有一人在上賜之婦生子出入市井漸曉人語自說其所在是毛民也大荒經云毛民食黍者是矣一曰在玄股北

勞民國在其北其爲人黑食果草實也有一鳥兩頭或曰教民一曰在毛民北爲人面目手足盡黑

東方句芒鳥身人面乘兩龍木神也方面素服墨子曰昔秦穆公有明德上帝使句芒賜之壽十九年

建平元年四月丙戌待詔太常屬臣望校治侍中光祿勳臣龔侍中奉車都尉光祿大夫臣秀領主省

山海經卷九　二十六

歙縣項絪校刊

第九

山海經第十

海内南經

晉 郭璞 傳

海内東南陬以西者從南頭起之也

甌居海中今臨海永寧縣即東甌在岐海中也音嘔閩在海中音旻其西北有山閩越即西甌今建安郡是也亦在岐海中一曰閩中山在海中

三天子鄣山音章在閩西海北今在新安歙縣東今謂之三王山浙江出其邊也張氏土地記曰東陽永康縣南四里有石城山上有小石城云黃帝曾遊此即三天子都也一曰在海中

桂林八樹在番隅東八樹而成林信其大也番隅今番禺縣

伯慮國未詳離耳國鎪離其耳分令下垂以爲飾即儋耳也在朱崖海渚中不食五穀但噉蚌

及諸萸也雕題國點涅其面畫體爲鱗采即鮫人也北朐國音劬未詳皆在鬱水南鬱水出湘陵南海一曰相慮

梟陽國在北朐之西其爲人人面長脣黑身有毛反踵見人笑亦笑左手操管周書曰州靡髴髴者人身反踵自笑笑則上脣掩其面爾雅云髴髴大傳曰周書成王時州靡國獻之海內經謂之贛巨人今交州南康郡深山中皆有此物也長丈許脚跟反向健走被髮好笑雌者能作汁灑中人即病土俗謂之山都南康今有贛水以有此人因以名水猶大荒說地有蜮人人因號其山爲蜮山亦此類也

兕在舜葬東湘水南其狀如牛蒼黑一角

蒼梧之山帝舜葬于陽即九疑山也禮記亦曰舜葬蒼梧之野帝丹朱葬于陰今丹陽復有丹朱冢也竹書亦曰后稷放帝朱于丹水與此義符丹朱稱帝者猶漢山陽公死加獻帝之謚也

氾林方三百里在狌狌東或作猩猩字同耳狌狌知人名

知人名三字疑衍

其爲獸如豕而人面周書曰鄭郭狌狌者狀如黃狗而人面頭如雄雞食之不眯今交州封谿出狌狌土俗人說云狀如豚而腹如狗聲如小兒啼也在舜葬西

狌狌西北有犀牛其狀如牛而黑犀牛似水牛豬頭在狌狌知人名之西北庳腳三角

夏后啓之臣曰孟涂是司神于巴人聽其獄訟爲之神主請訟于孟涂之所令斷之也其衣有血者乃執之不直者則血見於衣是請生言好生也居山上在丹山西丹山在丹陽南丹陽居屬也今建平郡丹陽城秭歸縣東七里即孟涂所居也

窫窳龍首居弱水中在狌狌知人名之西其狀如龍首食人窫窳本蛇身人面爲貳負臣所殺復化而成此物也有木其狀如牛河圖玉版說芝草樹生或如車馬或如龍蛇之狀亦此類也引之有皮若纓黃蛇言牽之皮剝如人冠

纓及黃虵狀也其葉如羅如綾羅也其實如欒欒木名黃本赤枝青葉生雲雨山或作卵或作麻音欒其木若蓝蓝亦木名未詳其名曰建木在窫窳西弱水上建木青葉紫莖黑花黃實其下聲無響立無影也氐人國音觸抵之抵在建木西其爲人人面而魚身無足蓋胷以上人胷以下魚也巴虵食象三歲而出其骨君子服之無心腹之疾今南方蚺虵吞鹿鹿已爛自絞於樹腹中骨皆穿鱗甲間出此其類也楚詞曰有虵吞象厥大何如說者云長千尋其爲虵青黃赤黑一曰黑虵青首在犀牛西旄馬其狀如馬四節有毛穆天子傳所謂毫馬者亦有旄牛在巴虵西北高山南匈奴一曰獫狁開題之國音提列人之國竝在西北三國竝在旄馬西北

山海經第十

歙縣項絪校刊

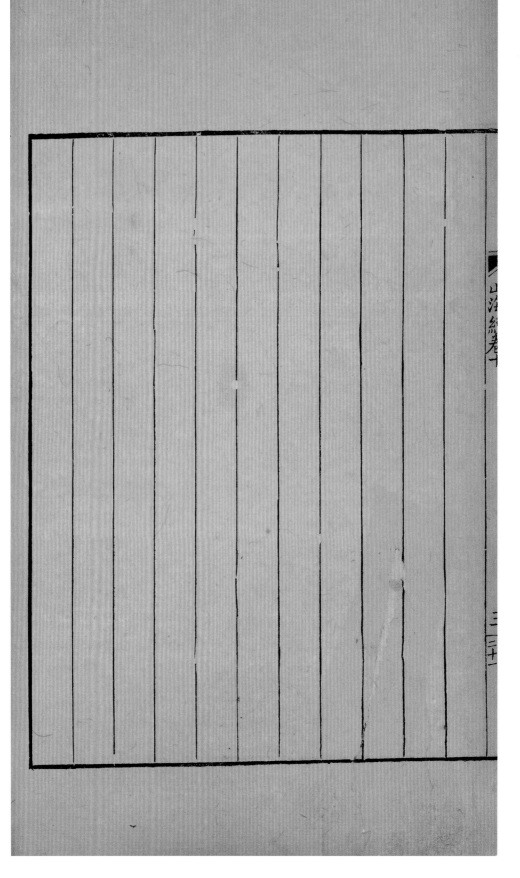

顔師古漢書惠帝紀注云山海經貳負之臣相柳之尸皆云盜械

山海經第十一

晉 郭璞 傳

海内西經

海内西南陬以北者

貳負之臣曰危危與貳負殺窫窳帝乃梏之疏屬之山梏猶繫縛也古沃切桎其右足桎械也反縛兩手與髮并髮合縛之也繫之山上木在開題西北漢宣帝使人上郡發盤石石室中得一人跣裸被髮反縛械一足以問羣臣莫能知劉子政按此言對之宣帝大驚於是時人爭學山海經矣論者多以爲是其尸象非真體也意者以靈怪變化論難以理測物稟異氣出于不然不可以常運推不可以近數揆矣魏時有人發故周王冢者得殉女子不死不生數日時有氣數月而能語狀如廿許人送詣京師郭太后愛養之恒在左右十餘年太后崩此女哀思哭泣一年餘而死即此類也

下作繫之山木之上

大澤方百里羣鳥所生及所解百鳥於此生乳解之毛羽在鴈門北

鴈門山鴈出其間在高柳北

高柳在代北

后稷之葬山水環之在廣都之野在氐國西

流黃酆氏之國中方三百里言國城內有塗四方塗道中有山

在后稷葬西

流沙出鍾山西行又南行崑崙之墟西南入海黑水之山今西海居延澤尚書所謂流沙者形如月生五日也

東胡在大澤東

夸人在東胡東

貊國在漢水東北今扶餘國即濊貊故地在長城北去玄菟千里出名馬赤玉貂皮大珠如

水經河水注引山海經崐崘墟在西北云云又引郭璞注云此自別有小崐崘也今注中無此語

酸棗也地近于燕滅之

孟鳥亦鳥名也在貊國東北其鳥文赤黃青東鄉

海内崑崙之墟在西北言海內者明海外復有崑崙山帝之下都崑崙之墟方八百里高萬仞皆謂其墟基廣輪之高庳耳自此以上二千五百餘里上有醴泉華池去嵩高五萬里蓋天地之中也見禹本紀上有木禾長五尋大五圍木禾穀類也生黑水之阿可食見穆天子傳面有九井以玉為檻檻欄面有九門門有開明獸守之百神之所在在八隅之巖在巖間也赤水之際非仁羿莫能上岡之巖言非仁人及有才藝如羿者不能得登此山之岡嶺巉巖也羿嘗請藥西王母亦言其得道也羿一或作聖

赤水出東南隅以行其東北西南流注南海厭火東

河水出東北隅以行其北西南又入渤海又出海外即

西而北入禹所導積石山禹治水復决疏出之故云導河積石

洋音翔水黑水出西北隅以東東行又東北南入海羽民南

弱水青水出西南隅以東又北又西南過畢方鳥東西域傳烏弋國去長安萬五千餘里西行可百餘日至條枝國臨西海長老傳聞有弱水西王母云東夸傳亦曰長城外數千里亦有弱水皆所未見也淮南子云弱水出窮石窮石今之西郡那冉蓋其派别之源耳

崑崙南淵深三百仞靈淵開明獸身大類虎而九首皆人面東嚮立崑崙上天獸也銘曰開明為獸禀資乾精瞪視崑崙威振百靈

開明西有鳳皇鸞鳥皆戴蛇踐蛇膺有赤蛇

開明北有視肉珠樹文玉樹五彩玉樹玗琪樹玗琪赤玉屬也吳天璽元年臨海郡吏伍曜在海水際得石樹高二尺餘莖葉紫色詰曲傾靡有光彩即玉樹之類也于其兩音不

死樹言長生也鳳皇鸞鳥皆戴瞂音伐盾也又有離朱木禾柏樹甘水即醴泉也聖木食之令人智聖也曼兑未詳一曰挺木牙交淮南作璇樹璇玉類也

開明東有巫彭巫抵巫陽巫履巫凡巫相皆神醫也世本曰巫彭作醫楚詞曰帝告巫陽夾窫窳之尸皆操不死之藥以距之爲距却死氣求更生窫窳者蛇身人面貳負臣所殺也

服常樹其上有三頭人伺琅玕樹服常木未詳琅玕子似珠爾雅曰西北之美者有崑崙之琅玕焉莊周曰有人三頭遞臥遞起以伺琅玕與玗琪子謂此人也

開明南有樹鳥六首蛟蛟似蛇四脚龍類也蝮蛇蜼豹鳥秩樹木名未詳於表池樹木言列樹以表池即華池也誦鳥鳥名形未詳鶽鵰也穆天子傳曰爰有白鶽青鵰音竹筍之筍視肉

歙縣項絪校刊

山海經第十一

山海經第十二

晉 郭 璞 傳

海内北經

海内西北陬以東者

虵巫之山上有人操杯而東向立一曰龜山（杯或作棓字同）西王母梯几而戴勝杖（梯謂憑也）其南有三青鳥爲西王母取食（又有三足烏主給使）在昆侖墟北有人曰大行伯把戈其東有犬封國（昔盤瓠殺戎王高辛以美女妻之不可以訓乃浮之會稽東海中得三百里地封之生男爲狗女爲美人是爲狗封之國也）貳負之尸在大行伯東犬封國曰犬戎國狀如犬（黄帝之後卞明生白犬一頭自相牝牡遂爲此國言狗國也）有一女子方跪進柸食（與酒食也）有文馬縞身朱鬛（色白如縞）

目若黃金名曰吉量（一作良）乘之壽千歲（周書曰犬戎文馬赤鬣白身目若黃金名曰吉黃之乘成王時獻之六韜曰文身朱鬣眼若黃金項若雞尾名曰雞斯之乘大傳曰駮身朱鬣雞目山海經亦有吉黃之乘壽千歲者惟名有不同說有小錯其實一物耳今博舉之以廣異聞也）

鬼國在貳負之尸北爲物人面而一目一曰貳負神在其東爲物人面蛇身

蜪犬（音陶或作蚼音鉤）如犬青食人從首始

窮奇狀如虎有翼（毛如蝟）食人從首始所食被髮在蜪犬北一曰從足

帝堯臺帝嚳臺帝丹朱臺帝舜臺各二臺臺四方在崑崙東北（此蓋天子巡狩所經過夷狄慕聖人恩德輒共爲築立臺觀以標顯其遺跡也一本云所殺相柳地腥臊不可種五穀以爲衆帝之臺）

大蠭其狀如螽朱蛾其狀如蛾蛾蚍蜉也楚詞曰玄蜂如壺赤蛾如象謂此也

蟜其爲人虎文脛有䏿言脚有膊腸也蟜音橋在窮奇東一曰狀如人崑崙墟北所有此同上物事也

闒非人面而獸身青色闒音榻

據比一云掾比之尸其爲人折頸被髮無一手

環狗其爲人獸首人身一曰蝟狀如狗黃色

袜其爲物人身黑首從目袜即魅也

戎其爲人人首三角

林氏國有珍獸大若虎五采畢具尾長于身名曰騶吾乘之日行千里六韜云紂囚文王閎夭之徒詣林氏國求得此獸獻之紂大悅乃釋之周書曰夾林酋耳酋耳若虎尾參於身食虎豹大傳謂之侄獸吾宜作虞也

崑崙墟南所有氾林方三百里

從極之淵深三百仞維冰夷恒都焉冰夷馮夷也淮南云馮夷得道以潛大川即河伯也穆天子傳所謂河伯無夷者竹書作馮夷字或作冰也冰夷人面乘兩龍畫四面各乘靈車駕二龍一曰忠極之淵陽汙之山河出其中凌門之山河出其中皆河之枝源所出之處也

王子夜之尸兩手兩股胷首齒皆斷異處此蓋形解而神連貌乖而氣合合不為密離不為疏

舜妻登比氏生宵明燭光即二女字也以能光照因名云處河大澤澤河邊溢漫處二女之靈能照此所方百里言二女神光所燭及者方百里一曰登北氏

蓋國在鉅燕南倭北倭屬燕倭國在帶方東大海內以女為主其俗露紒衣服無

鍼功以丹朱塗身不妒忌一男子數十婦也

朝鮮在列陽東海北山南列陽屬燕朝鮮今樂浪縣箕子所封也列亦水名也今在帶方帶方有列口縣

列姑射在海河洲中山名也山有神人河洲在海中河水所經者莊子所謂藐姑射之山也

姑射國在海中屬列姑射西南山環之大蟹在海中蓋千里之蟹也

陵魚人面手足魚身在海中

大鯾居海中鯾即魴也音鞭

明組音祖邑居海中

蓬萊山在海中上有仙人宮室皆以金玉爲之鳥獸盡白望之如雲在勃海中也

大人之市在海中

山海經第十二

歙縣項絪校刊

山海經第十三

晉　郭　璞　傳

海内東經

海内東北陬以南者

鉅燕在東北陬

國在流沙中者埻端璽㬇埻音敦㬇音喚或作藺㬇在崑崙虛東南

一曰海内之郡不爲郡縣在流沙中

國在流沙外者大夏大夏國城方二三百里分爲數十國地温和宜五穀竪沙居

繇月支之國月支國多好馬美果有大尾羊如驢尾即羬羊也小月支天竺國皆附庸也繇音遥

西胡白玉山在大夏東蒼梧在白玉山西南皆在流沙

西崑崙虛東南崑崙山在西胡西皆在西北地理志崑崙山在臨

羌西又有西王母祠也

雷澤中有雷神龍身而人頭鼓其腹在吳西今城陽有堯冢靈臺雷澤在北也河圖曰大跡在雷澤華胥履之而生伏羲

都州在海中一曰郁州今在東海朐縣界世傳此山自蒼梧從南徙來上皆有南方物也郁音鬱

琅琊臺在渤海間琅琊之東今琅琊在海邊有山嶕嶢特起狀如高臺此即琅琊臺也琅琊者越王勾踐入霸中國之所都其北有山一曰在海間

韓鴈在海中都州南

始鳩在海中轅厲南國名或曰鳥名也

會稽山在大楚南

岷三江首大江出汶山今江出汶山郡升遷縣岷山東南經蜀郡犍爲至江陽東北經巴東建平宜都南郡

在其東太平御覽六十五引此其作在太平寰宇記引作鬱郭注鄣即歙也鄣亦作章

江夏弋陽安豐至廬江南界東北經淮南下邳至廣陵郡入海北江出曼山南江出高山高山在城都西入海在長州南

浙江出三天子都在其東按地理志浙江出新安黟縣南蠻中東入海今錢塘浙江是也黟即歙也浙音折在閩西北入海餘暨南餘暨縣屬會稽今爲永興縣

廬江出三天子都入江彭澤西彭澤今彭蠡也在尋陽彭澤縣一曰天子鄣

淮水出餘山餘山在朝陽東義鄉西入海淮浦北今淮水出義陽平氏縣桐柏山東北經汝南汝陰淮南譙國下邳至廣陵縣入海朝陽縣今屬新野

湘水出舜葬東南陬西環之環繞也今湘水出零陵營道縣陽湖山入江入洞庭下洞庭地穴也在長沙巴陵今吳縣南太湖中有包山下有洞庭穴道潛行水底云無所不通號爲地脈一曰東南西澤

朔字按江賦注引

北堂書鈔九十二引此漢作漾水

漢水出鮒魚之山書曰嶓冢導漾東流爲漢按水經漢水出武都沮縣東狼谷經漢中魏興至南鄉東經襄陽至江夏安陸縣入江别爲沔水又爲滄浪之水帝顓頊葬于陽九嬪葬于陰四蛇衛之言有四蛇衛守山下

濛水出漢陽西入江聶陽西漢陽縣屬朱提

溫水出崆峒山在臨汾南入河華陽北今溫水在京兆陰盤縣水常溫也臨汾縣屬平陽

潁水出少室少室山在雍氏南入淮西鄢北今潁水出河南陽城縣乾山東南經潁川汝陰至淮南下蔡入淮鄢今鄢陵縣屬潁川一曰緱氏縣屬河南音鉤

汝水出天息山在梁勉鄉西南入淮極西北今汝水出南陽魯陽縣大盂山東北至河南梁縣東南經襄城潁川汝南至汝陰褒信縣入淮淮極地名一曰淮在期思北期思縣屬弋陽

涇水出長城北山山在郁郅長垣北皆縣名也郅音桎北入渭戲北今涇水出安定朝那縣西笄頭山東南經新平扶風至京兆高陵縣入渭戲地名今新豐縣也

渭水出鳥鼠同穴山東注河入華陰北鳥鼠同穴山今在隴西首陽縣渭水出其東經南安天水略陽扶風始平京兆弘農華陰縣入河

白水出蜀而東南注江色微白濁今在梓潼白水縣源從臨洮之西西傾山來經沓中東流通陰平至漢壽縣入潛入江州城下江州縣屬巴郡

沅水山出象郡鐔城西象郡今日南也鐔城縣今屬武陵音尋入東注江入下巂西下巂縣今屬長沙音昨兗反合洞庭中水經曰沅水出牂牁且蘭縣又東北至鐔城縣爲沅水又東過臨沅縣南又東至長沙下巂縣

贛水出聶都東山今贛水出南康南野縣西北音感東北注江入彭澤西

泗水出吴東北而南西南過湖陵西而東南注東海入淮陰北今泗水出魯國下縣西南至高平湖陸縣東南經沛國彭城下邳至臨淮下相縣入淮

鬱水出象郡而西南注南海入須陵東南

肄水出臨晉西南音如肄習之肄而東南注海入番禺西番禺縣屬南海越之城下也

潢水出桂陽西北山東南注肄水入敦浦西

洛水出洛西山東北注河入成皐之西書云導洛自熊耳按水經洛水今出上洛冢嶺山東北經弘農至河南鞏縣入河成皐縣亦屬河南也

汾水出上窳北音愈而西南注河入皮氏南今汾水出太原晉陽故汾陽縣東南經晉陽西南經西河平陽至河東汾陰入河皮氏縣屬平陽

沁水出井陘山東東南注河入懷東南懷縣屬河内河内北有井陘山

濟水出共山南東丘共與恭同絶鉅鹿澤絶猶截度也鉅鹿今在高平注渤海入齊琅槐東北今濟水自滎陽卷縣東經陳留至濟陰北東北至高平東北經濟南至樂安博昌縣入海今碣石也諸水所出又與水經違錯以爲凡山川或有同名而異實或同實而異名或一實而數名似是而非似非而是且歷代久遠古今變易語有楚夏名號不同未得詳也

潦水出衛皐東出塞外衛皐山玄菟高句驪縣有潦山小潦水所出西河注大潦音遼東南注渤海入潦陽潦陽縣屬潦東

虖沱水出晉陽城南而西至陽曲北而東注渤海經河間樂城東北注渤海也晉陽陽曲縣皆屬太原入越章武北章武郡名

漳水出山陽東東注渤海入章武南新城汴陰縣亦有漳水

建平元年四月丙戌待詔太常屬臣望校治侍中

光祿勳臣龔侍中奉車都尉光祿大夫臣秀領主

省

山海經第十三

歙縣項絪校刊

山海經第十四

晉 郭璞 傳

大荒東經

東海之外大壑詩含神霧曰東注無底之谷謂此壑也離騷曰降望大壑少昊之國少昊金天氏帝摯之號也少昊孺帝顓頊于此孺義未詳棄其琴瑟言其壑中有琴瑟也有甘山者甘水出焉生甘淵水積則成淵也

大荒東南隅有山名皮母地丘

東海之外大荒之中有山名曰大言日月所出有波谷山者有大人之國晉永嘉二年有鶖鳥集於始安縣南廿里之鶖陂中民周虎張得之木矢貫之鐵鏃其長六尺有半以箭計之其射者人身應長一丈五六尺也又平州別駕高會語云倭國人嘗行遭風吹度大海外見一國人皆長丈餘形狀似胡蓋是長翟別種箭殆將從此國來也外傳曰焦僥人長三尺短

之至也長者不過十丈數之極也按河國玉版曰從崑崙以北九萬里得龍伯國身長三十丈生萬八千歲而死從崑崙以東得大秦人長十丈皆衣帛從此以東十萬里得佻人國長三十丈五尺從此以東十萬里得中秦國人長一丈穀梁傳曰長翟身橫九畝載其頭眉見於軾即長數丈人也秦時大人見臨洮身長五丈脚跡六尺準斯以言則此大人之長短未可得限度也

有大人之市名曰大人之堂亦山名形狀如堂室耳大人時集會其上作市肆也

有一大人踆其上張其兩耳踆或作俊皆古蹲字莊子曰踆於會稽也

有小人國名靖人詩含神霧曰東北極有人長九寸殆謂此小人也或作竫音同有神人面獸身名曰犂䰫之尸音靈

有潏山楊水出焉音如譎詐之譎

有蒍國黍食言此國中惟有黍穀也蒍音口偽反使四鳥虎豹熊羆

大荒之中有山名曰合虛日月所出有中容之國帝俊

生中容俊亦舜字假借音也中容人食獸木實此國中有赤木玄木其華實美見呂氏春秋使四鳥豹虎熊羆

有東口之山有君子之國其人衣冠帶劍亦使虎豹好謙讓也

有司幽之國帝俊生晏龍晏龍生司幽司幽生思士不妻思女不夫言其人直思感而氣通無配合而生子此莊生所謂白鵠相視眸子不運而感風化之類也食黍食獸是使四鳥有大阿之山者

大荒中有山名曰明星日月所出

有白民之國帝俊生帝鴻帝鴻生白民白民銷姓黍食使四鳥虎豹熊羆又有乘黃獸乘之以致壽考也

有青丘之國有狐九尾太平則出而為瑞也有柔僕民是維嬴土之國嬴猶沃衍也音盈有黑齒之國齒如漆也帝俊生黑齒聖人神化無方

故其後世所降育多有殊類異狀之人諸言生者多謂其苗裔未必是親所產姜姓黍食使四鳥有夏州之國有蓋余之國有神人八首人面虎身十尾名曰天吴水伯

大荒之中有山名曰鞠陵于天音菊東極離瞀三山名也音穀瞀日月所出名曰折丹神人東方曰折單吁之來風曰俊未詳來風所在也處東極以出入風言此人能節宣風氣時其出入

東海之渚中渚島有神人面鳥身珥兩黃蛇以蛇貫耳踐兩黃蛇名曰禺猇黃帝生禺猇禺猇生禺京即禺彊也禺京處北海禺䝞處東海是惟海神言分治一海而爲神也䝞一本作猇

有招搖山融水出焉有國曰玄股自髀以下如漆黍食使四鳥

有困民國勾姓而食有人曰王亥兩手操鳥方食其頭

王亥託于有易河伯僕牛河伯僕牛皆人姓名託寄也見汲郡竹書有易殺王亥取僕牛竹書曰殷王子亥賓於有易而淫焉有易之君緜臣殺而放之是故殷主甲微假師於河伯以伐有易滅之遂殺其君緜臣也河念有易有易潛出爲國于獸方食之名曰搖民言有易本與河伯友善上甲微殷之賢王假師以義伐罪故河伯不得不助滅之既而哀念有易使得潛化而出化爲搖民國帝舜生戲戲生搖民海内有兩人此乃有易所化者也名曰女丑即女丑之尸言其變化無常也然則一以涉化津而遯神域者亦無往而不之觸感而寄迹矣范蠡之倫亦聞其風者也女丑有大蟹廣千里也

大荒之中有山名曰孽搖頵羝上有扶木柱三百里其葉如芥柱猶起高也葉似芥菜有谷曰溫源谷溫源即湯谷也湯谷上有扶木扶桑在上一日方至一日方出言交會相代也皆載于烏中有三足烏

有神人面犬耳獸身珥兩青蛇名曰奢比尸有五彩

之鳥相鄉棄沙未聞沙義惟帝俊下友亦未聞也帝下兩壇彩鳥是司言山下有舜二壇五彩鳥主之

大荒之中有山名曰猗天蘇門日月所生有壎民之國音如諠譁之諠有綦山音忌又有搖山有䰝山音如釜甑之甑又有門戶山又有盛山又有待山有五彩之鳥

東荒之中有山名曰壑明俊疾日月所出有中容之國

東北海外又有三青馬三騅馬蒼白雜毛爲騅甘華爰有遺玉三青鳥三騅視肉聚肉有眼甘華甘柤百穀所在言自生也

有女和月母之國有人名曰鳧音婉北方曰鳧來之風曰狻言亦有兩名也音剡是處東極隅以止日月使無相間出沒司其短長言鳧主察日月出入不令得相間錯知景之短長

大荒東北隅中有山名曰凶犂土丘應龍處南極應龍龍有翼者也殺蚩尤與夸父蚩尤作兵者不得復上應龍遂住地下故下數旱上無復作雨者故也旱而爲應龍之狀乃得大雨今之土龍本此氣應自然冥感非人所能爲也

東海中有流波山入海七千里其上有獸狀如牛蒼身而無角一足出入水則必風雨其光如日月其聲如雷其名曰夔黃帝得之以其皮爲鼓橛以雷獸之骨雷獸即雷神也人面龍身鼓其腹者橛猶擊也聲聞五百里以威天下

山海經第十四

歙縣項絪校刊

西經云稷之弟曰
台璽生叔均叔均
均或商均也□□
經云稷之孫曰叔均

山海經第十五

大荒南經

晉 郭璞 傳

南海之外赤水之西流沙之東赤水出崑崙山流沙出鍾山也有獸左右有首名曰跊踢出⿰犭炎名國黜惕兩音有三青獸相并名曰雙雙言體合爲一也公羊傳所云雙雙而俱至者蓋謂此也

有阿山者南海之中有氾天之山赤水窮焉流極於此山也赤水之東有蒼梧之野舜與叔均之所葬也叔均商均也舜巡狩死於蒼梧而葬之商均因留死亦葬焉基今在九疑之中爰有文貝即紫貝也離俞即離朱鴟久即鵂鶹也鷹賈賈亦鷹屬委維即委蛇也熊羆象虎豹狼視肉

有榮山榮水出焉黑水之南有玄蛇食麈今南山蚺蛇吞鹿亦此類

有巫山者西有黃鳥帝藥八齋（天帝神仙藥在此也）黃鳥于巫山司此玄蛇（言主之也）

大荒之中有不庭之山滎水窮焉有人三身帝俊妻娥皇生此三身之國（蓋後裔所出也）姚姓黍食使四鳥（姚舜姓也）有淵四方四隅皆達（言淵四角皆旁通也）北屬黑水南屬大荒（屬猶連也）北旁名曰少和之淵南旁名曰從淵（音驄馬之驄）舜之所浴也（言舜嘗在此中澡浴也）

又有成山甘水窮焉（甘水出甘山極此中也）有季禺之國顓頊之子食黍（言此國人顓頊之裔子也）有羽民之國其民皆生毛羽有卵民之國其民皆生卵（即卵生也）

大荒之中有不姜之山黑水窮焉（黑水出崑崙山）又有賈山汔

水出焉又有言山又有登備之山即登葆山羣巫所從上下者也有恝恝之山音如券契之契又有蒲山澧水出焉音禮又有隗山音如隗囂之隗其西有丹其東有玉又南有山漂水出焉音票有尾山有翠山言此山有翠鳥也

有盈民之國於姓黍食又有人方食木葉

有不死之國阿姓甘木是食甘木即不死樹食之不老

大荒之中有山名曰去痓南極果北不成去痓果音如風痓之痓未詳

南海渚中有神人面珥兩青蛇踐兩赤蛇曰不廷胡余神名耳

有神名曰因因乎南方曰因乎夸風曰乎民亦有二名處南極以出入風

大荒西經來風曰韋
來或作夲 夲隸作
夲与夲字形相似

有襄山又有重陰之山有人食獸曰季釐帝俊生季釐故曰季釐之國有緡淵音昬少昊生倍伐倍伐降處緡淵有水四方名曰俊壇水狀如土壇因名舜壇也

有臷民之國為人黃色帝舜生無淫降臷處是謂巫臷民巫臷民肦姓食穀不績不經服也言自然有布帛也不稼不穡食也言五穀自生也種之為稼收之為穡爰有歌舞之鳥鸞鳥自歌鳳鳥自舞爰有百獸相羣爰處百穀所聚

大荒之中有山名曰融天海水南入焉有人曰鑿齒羿殺之射殺之也

有蜮山者有蜮民之國音惑桑姓食黍射蜮是食蜮短狐也似鼈含沙射人中之則病死此山出之亦以名云有人方扜弓射黃虵音紆扜挽也名

曰蜮人

有宋山者有赤蛇名曰育蛇有木生山上名曰楓木楓木蚩尤所棄其桎梏蚩尤爲黃帝所得械而殺之已摘棄其械化而爲樹也是謂楓木即今楓香樹有人方齒虎尾名曰祖狀之尸音如柤棃之柤

有小人名曰焦僥之國皆長三尺幾姓嘉穀是食

大荒之中有山名㱙塗之山音朽青水窮焉青水出崑崙有雲雨之山有木名曰欒禹攻雲雨攻謂槎伐其林木有赤石焉生欒言山有精靈復變生此木於赤石之上黃木赤枝青葉羣帝焉取藥言樹花實皆爲神藥

有國曰顓頊生伯服食黍有鼬姓之國音如橘柚之柚有苕山又有宗山又有姓山又有壑山又有陳州山又有東州

山又有白水山白水出焉而生白淵昆吾之師所浴也昆吾古王者號音義曰昆吾山名谿水內出善金二文有異莫知所辨測有人名曰張弘在海上捕魚海中有張弘之國或曰即奇肱人疑非食魚使四鳥有人焉鳥喙有翼方捕魚于海

大荒之中有人名曰驩頭鯀妻士敬士敬子曰炎融生驩頭驩頭人面鳥喙有翼食海中魚杖翼而行翅不可以飛倚杖之用行而已維宜芑苣穋楊是食管子說地所宜云其種穋秬黑黍皆禾類也苣黑黍今字作禾旁起秬蚓三音有驩頭之國

帝堯帝嚳帝舜葬于岳山即狄山也爰有文貝離俞鴟久鷹賈延維視肉熊羆虎豹朱木赤枝青華玄實有申山者

大荒之中有山名曰天臺高山海水入焉

東南海之外甘水之間有羲和之國有女子名曰羲和方日浴于甘淵羲和蓋天地始生主日月者也故啓筮曰空桑之蒼蒼八極之既張乃有夫羲和是主日月職出入以爲晦明又曰瞻彼上天一明一晦有夫羲和之子出于暘谷故堯因此而立羲和之官以主四時其後世遂爲此國作日月之象而掌之沐浴運轉之於甘水中以効其出入暘谷虞淵也所謂世不失職耳羲和者帝俊之妻生十日言生十子各以日名名之故言生十日數十也

有蓋猶之山者其上有甘柤枝幹皆赤黃葉白華黑實東又有甘華枝幹皆赤黃葉有青馬有赤馬名曰三騅有視肉有小人名曰菌人音如朝菌之菌有南類之山爰有遺玉青馬三騅視肉甘華百穀所在

山海經第十五

歙縣項絪校刊

郝說今本郭三引粟廣作粟廣

山海經第十六

晉郭璞傳

大荒西經

西北海之外大荒之隅有山而不合名曰不周負子淮南子曰昔者共工與顓頊爭帝怒而觸不周之山天維絕地柱折故今此山缺壞不周帀也有兩黃獸守之有水曰寒暑之水水西有濕山水東有幕山音莫有禹攻共工國山言攻其國殺其臣相柳於此山啓筮曰共工人面蛇身朱髮也

有國名曰淑士顓頊之子言亦出自高陽氏也有神十人名曰女媧之腸或作女媧之腹化爲神處栗廣之野女媧古神女而帝者人面蛇身一日中七十變其腹化爲此神栗廣野名媧音瓜橫道而處言斷道也有人名曰石夷來風曰韋來或作本也處西北隅以司日月之長短言察日月晷度

之節有五彩之鳥有冠名曰狂鳥爾雅云狂夢鳥即此也有大澤之長山有白氏之國西北海之外赤水之東有長脛之國脚長三丈有西周之國姬姓食穀有人方耕名曰叔均帝俊生后稷俊宜為嚳嚳第二妃生后稷也稷降以百穀稷之弟曰台璽音胎生叔均叔均是代其父及稷播百穀始作耕有赤國妻氏有雙山

西海之外大荒之中有方山者上有青樹名曰柜格之松木名音矩日月所出入也

西北海之外赤水之西有先民之國食穀使四鳥有北狄之國黃帝之孫曰始均始均生北狄有芒山有桂山有搖山此山多桂及搖木因名云耳其上有人號曰太子長琴顓頊

无古天字

生老童世本云顓頊娶於滕𤤹氏謂之女祿產老童也老童生祝融即重黎也高辛氏火正號曰祝融也祝融生太子長琴是處榣山始作樂風創制樂風曲也有五彩鳥三名一曰皇鳥一曰鸞鳥一曰鳳鳥有蟲狀如菟胷以後者裸不見言皮色青故不見其裸露處青如猨狀狀又似猨

大荒之中有山名曰豐沮玉門日月所入有靈山巫咸巫即巫盼巫彭巫姑巫眞巫禮巫抵巫謝巫羅十巫從此升降百藥爰在羣巫上下此山采之也

西有王母之山壑山海山皆羣大靈之山有沃之國言其土饒沃也沃民是處沃之野鳳鳥之卵是食甘露是飲凡其所欲其味盡存言其所願滋味此無所不備爰有甘華甘柤白柳視肉三騅琁瑰瑤碧琁瑰亦玉名穆天子傳曰枝斯璿瑰瑰旋同二音白木琅玕樹色正白今南方有

今蒙古語謂海為淖

文木亦黑木也白丹青丹又有黑丹也孝經援神契曰王者德至山陵而黑丹出然則丹者別是采名亦猶黑白黃皆云丹也多銀鐵鸞鳥自歌鳳鳥自舞爰有百獸相羣是處是謂沃之野有三青鳥赤首黑目一名曰大鵹音黎一名少鵹一名曰青鳥皆西王母所使也有軒轅之臺射者不敢西嚮射畏軒轅之臺敬難黃帝之神

大荒之中有龍山日月所入有三澤水名曰三淖昆吾之所食也穆天子傳曰滔水濁繇氏之所食亦此類也有人衣青以袂蔽面袂袖名曰女丑之尸有女子之國王頎至沃沮國盡東界問其耆老曰國人常乘船捕魚遭風見吹數十日東一國在大海中純女無男即此國也有桃山有䖟山有桂山有于土山有丈夫之國其國無婦人也

有弇州之山五彩之鳥仰天張口噓天名曰鳴鳥爰有百樂

歌儛之風爰有百種伎樂歌儛風曲有軒轅之國其人人面蛇身江山之南棲爲吉即窮山之際也山居爲棲吉者言無凶夭不壽者乃八百歲壽者數千歲

西海陼中有神人面鳥身珥兩青蛇踐兩赤蛇名曰弇兹

大荒之中有山名曰日月山天樞也吴姖天門日月所入有神人面無臂兩足反屬于頭山名曰噓言噓啼也顓頊生老童老童生重及黎世本云老童娶於根水氏謂之驕福産重及黎帝令重獻上天令黎卬下地古者人神雜擾無别顓頊乃命南正重司天以屬神命火正黎司地以屬民重實上天黎實下地獻卬義未詳也下地是生噎處於西極以行日月星辰之行次主察日月星辰之度數次舍也

有人反臂名曰天虞即尸虞也有女子方浴月帝俊妻常羲

生月十有二此始浴之（義與羲和浴日同）有玄丹之山（出黑丹也）有五色之鳥人面有髮爰有青鴍（音文）黃鷔（音敖）青鳥黃鳥其所集者其國亡有池名孟翼之攻顓頊之池（孟翼人姓名）大荒之中有山名曰鏖鏊鉅（鏊音如敖）日月所入者有獸左右有首名曰屏蓬（即幷封也語有輕重耳）有巫山者有壑山者有金門之山有人名曰黃姖之尸有比翼之鳥有白鳥青翼黃尾玄喙（奇鳥）有赤犬名曰天犬其所下者有兵（周書云天狗所止地盡傾餘光燭天爲流星長十數丈其疾如風其聲如雷其光如電吳楚七國反時吠過梁國者是也）西海之南流沙之濱赤水之後黑水之前有大山名曰崑崙之丘有神人面虎身有文有尾皆白處之（言其尾以白爲點駮）其下有弱水之淵環之（其水不勝鴻毛）其外有炎火之山投

物輒然今去扶南東萬里有耆薄國東復五千里許有火山國其山雖霖雨火常然火中有白鼠時出山邊求食人捕得之以毛作布今之火澣布是也即此山之類有人戴勝虎齒有豹尾穴處名曰西王母河圖玉版亦曰西王母居崑崙之山西山經曰西王母居玉山穆天子傳曰乃紀名迹於弇山之石曰西王母之山也然則西王母雖以崑崙之宮亦自有離宮別窟遊息之處不專住一山也故記事者各舉所見而言之此山萬物盡有

大荒之中有山名曰常陽之山日月所入

有寒荒之國有二人女祭女薎或持觶或持俎

有壽麻之國呂氏春秋曰南服壽麻北懷闒耳

南嶽娶州山女名曰女虔女虔生季格季格生壽麻壽麻正立無景疾呼無響言其稟形氣有異於人也列仙傳曰玄俗無景爰有大暑不可以往言熱炙殺人也有人無首操戈盾立名曰夏耕之

尸亦行天尸之類故成湯伐夏桀于章山克之于章山名斬耕厥前頭亦在前者耕既立無首走厥咎逃避罪也乃降于巫山自竄於巫山巫山今在建平巫縣

有人名曰吳回奇左是無右臂即奇肱也吳回祝融弟亦為火正也

有蓋山之國有樹赤皮支幹青葉名曰朱木或作朱威木也

有一臂民北極下亦有一脚人見河圖玉版

大荒之中有山名曰大荒之山日月所入有人焉三面是顓頊之子三面一臂無左臂也三面之人不死言人頭三邊各有面也玄菟太守王頎至沃沮國問其耆老云復有一破船隨波出在海岸邊上有一人項中復有面與語不解了不食而死此是兩面人也呂氏春秋曰一臂三面之鄉也是謂大荒之野西南海之外赤水之南流沙之西有人珥兩青蛇乘兩龍名曰夏

后開開上三嬪于天嬪婦也言獻美女於天帝得九辯與九歌以下皆天帝樂名也開登天而竊以下用之也開筮曰昔彼九冥是與帝辯同宮之序是為九歌又曰不得竊辯與九歌以國於下義具見於歸藏此天穆之野高二千仞竹書曰顓頊產伯鯀是維若陽居天穆之陽也開焉得始歌九招竹書曰夏后開舞九招也

有互人之國人面魚身炎帝之孫炎帝神農名曰靈恝音如券契之契靈恝生互人是能上下于天言能乘雲雨也有魚偏枯名曰魚婦顓頊死即復蘇言其人能變化也風道北來天乃大水泉言泉水得風暴溢出道猶從也韓非曰玄鶴二八道南方而來蛇乃化為魚是謂魚婦顓頊死即復蘇淮南子曰后稷龍在建木西其人死復蘇其中為魚蓋謂此也有青鳥身黃赤足六首名曰鸀鳥音觸有大巫山有金之山西南大荒之中隅有偏句常羊之山

山海經卷十六　五一三万三十三

按夏后開即啓避漢景帝諱云

山海經第十六

歙縣項絪校刊

山海經第十七

晉 郭璞 傳

大荒北經

東北海之外大荒之中河水之間附禺之山帝顓頊與九嬪葬焉此皆殊俗義所作冢爰有鴟久文貝離俞鸞鳥凰鳥大物小物言備有也有青鳥琅鳥玄鳥黄鳥虎豹熊羆黄蛇視肉璿瑰瑤碧皆出衞于山在其山邊也丘方員三百里丘南帝俊竹林在焉大可爲舟言舜林中竹一節則可以爲船也竹南有赤澤水水色赤也名曰封淵封亦大也有三桑無枝皆高百仞丘西有沈淵顓頊所浴

有胡不與之國一國復名耳今胡夷語皆通然烈姓黍食

大荒之中有山名曰不咸有肅愼氏之國今肅愼國去遼東三千餘里穴居無衣衣豬皮冬以膏塗體厚數分用卻風寒其人皆工射弓長四尺勁強箭以楛爲之長尺五寸青石爲鏑此春秋時隼集陳侯之庭所得矢也晉大興三年平州刺史崔毖遣別駕高會使來獻肅愼氏之弓矢箭鏃有似銅骨作者問云轉與海內國通得用此今名之爲挹婁國出好貂赤玉豈從海外轉而至此乎後漢書所謂挹婁者是也有蜚蛭四翼翡窒兩音有蟲獸首蛇身名曰琴蟲亦蛇類也有人名曰大人有大人之國釐姓黍食有大青蛇黃頭食麈今南方蚺蛇食鹿麈亦鹿屬也有榆山有鯀攻程州之山皆因其事而名物也

大荒之中有山名曰衡天有先民之山有槃木千里音盤

有叔歜國音作感反一音觸顓頊之子黍食使四鳥虎豹熊羆

有黑蟲如熊狀名曰猎猎音夕或作獡同有北齊之國姜姓使

虎豹熊羆

大荒之中有山名曰先檻大逢之山河濟所入海北注焉河濟注海已復出海外入此山中也其西有山名曰禹所積石有陽山者有順山者順水出焉

有始州之國有丹山此山純出丹朱也竹書曰和甲西征得一丹山今所在亦有丹山丹出土穴中

有大澤方千里羣鳥所解穆天子傳曰北至廣原之野飛鳥所解其羽乃於此獵鳥獸絕羣載羽百車竹書亦曰穆王北征行流沙千里積羽千里皆謂此澤也有毛民之國其人面體皆生毛依姓食黍使四鳥禹生均國均國生役采采一作來役采生修鞈音如單袷之袷修鞈殺綽人人名帝念之潛爲之國潛密用之爲國是此毛民

有儋耳之國任姓其人耳大下儋垂在肩上朱崖儋耳鏤畫其耳亦以放之也禺號子食穀北海之渚中言在海島中種粟給食謂禺彊也有神人面鳥身珥兩青蛇踐兩赤蛇名曰禺彊

大荒之中有山名曰北極天櫃音匱海水北注焉有神九首人面鳥身名曰九鳳又有神銜蛇操蛇其狀虎首人身四蹄長肘名曰彊良亦在畏獸畫中

大荒之中有山名曰成都載天有人珥兩黃蛇把兩黃蛇名曰夸父后土生信信生夸父夸父不量力欲追日景逮之于禺谷禺淵日所入也今作虞將飲河而不足也將走大澤未至死于此渴死應龍已殺蚩尤又殺夸父上云夸父不量力與日競而死今此復云爲應龍所殺死無定名觸事而寄明其變化無方不可揆測乃去南方處

之故南方多雨言龍水物以類相感故也又有無腸之國是任姓爲人長也無繼子食魚繼亦當作膂謂腨腸也共工臣名曰相繇相柳也語聲轉耳九首蛇身自環言轉旋也食于九土言貪殘也其所歍所尼歍嘔猶噴吒尼止也即爲源澤言多氣力不辛乃苦言氣酷烈百獸莫能處言畏之也禹湮洪水殺相繇禹塞洪水由以溺殺之也其血腥臭不可生穀其地多水不可居也言其膏血滂流成淵水也禹湮之三仞三沮言禹以土塞之地陷壞也乃以爲池羣帝是因以爲臺地下宜積土故衆帝因來在此共作臺在崑崙之北有岳之山尋竹生焉尋大竹名

大荒之中有山名曰不句海水入焉有係昆之山者有共工之臺射者不敢北鄉言畏有人衣青衣名曰黃帝女魃音如旱妭之魃蚩尤作兵伐黃帝黃帝乃令應龍攻之冀

史記五帝紀正義引
此雨止上有以止雨三字

州之野冀州中土也黃帝亦教虎豹熊羆以與炎帝戰於阪泉之野而滅之見史記應龍畜水蚩尤請風伯雨師縱大風雨黃帝乃下天女曰魃雨止遂殺蚩尤魃不得復上所居不雨旱氣在也叔均言之帝後置之赤水之北遠徙之也叔均乃爲田祖主田之官詩云田祖有神魃時亡之畏見逐也所欲逐之者令曰神北行向水位也先除水道決通溝瀆言逐之必得雨故見先除水道今之逐魃是也

有人方食魚名曰深目民之國昐姓食魚亦胡類但眼絕深黃帝時姓也

有鍾山者有女子衣青衣名曰赤水女子獻神女也

大荒之中有山名曰融父山順水入焉有人名曰犬戎黃帝生苗龍苗龍生融吾融吾生弄一作卞明弄明生白

犬白犬有牝牡言自相配合也是爲犬戎肉食有赤獸馬狀無首名曰戎宣王尸犬戎之神名也

有山名曰齊州之山君山鬵山鬵音潛鮮野山魚山有人一目當面中生一曰是威姓少昊之子食黍有繼無民繼無民任姓無骨子食氣魚言有無骨人也尸子曰徐偃王有筋無骨

西北海外流沙之東有國曰中輻顓頊之子食黍有國名曰賴丘有犬戎國有神人面獸身名曰犬戎

西北海外黑水之北有人有翼名曰苗民三苗之民顓頊生驩頭驩頭生苗民苗民釐姓食肉有山名曰章山

大荒之中有衡石山九陰山洞野之山上有赤樹青葉赤華名曰若木生崑崙西附西極其華光赤照下地有牛黎之國有人無

骨儋耳之子儋耳人生無骨子也

西北海之外赤水之北有章尾山有神人面蛇身而赤身長千里直目正乘直目目從也正乘未詳其瞑乃晦其視乃明言視為晝眠為夜也不食不寢不息風雨是謁言能請致風雨是燭九陰照九陰之幽隱也是謂燭龍離騷曰日安不到燭龍何燿詩含神霧曰天不足西北無有陰陽消息故有龍銜精以往照天門中云淮南子曰蔽于委羽之山不見天日也

山海經第十七

歙縣項絪校刊

山海經第十八

晉　郭璞傳

海内經

東海之内北海之隅有國名曰朝鮮天毒其人水居朝鮮今樂浪郡也天毒即天竺國貴道德有文書金銀錢貨浮屠出此國中也晉大興四年天竺胡王獻珍寶偎人愛之偎亦愛也音隱隈反

西海之内流沙之中有國名曰壑市音郝

西海之内流沙之西有國名曰氾葉音如氾濫之氾

流沙之西有鳥山者三水出焉三水同出一山也爰有黃金璿瑰丹貨銀鐵皆流于此中言其中有雜珍奇寶也又有淮山好水出焉

流沙之東黑水之西有朝雲之國司彘之國黃帝娶雷祖生昌意世本云黃帝娶於西陵氏之子謂之纍祖產青陽及昌意昌意降處若水生韓流竹書云昌意降居若水產帝乾荒乾荒即韓流也生帝顓頊韓流擢首謹耳擢首長咽謹耳未聞人面豕喙麟身渠股渠車輞言跰脚也大傳曰大如車渠豚止止足取淖子曰阿女生帝顓頊世本云顓頊母濁山氏之子名昌僕

流沙之東黑水之間有山名不死之山即員丘也華山青水之東有山名曰肇山有人名曰柏高柏子高仙者也柏高上下于此至于天言翱翔雲天往來此山也

西南黑水之間有都廣之野后稷葬焉其城方三百里蓋天下之中素女所出也離騷曰絶都廣野而直指號爰有膏菽膏稻膏黍膏稷言味好皆滑如膏外傳曰膏粱之子菽豆粱粟也百穀自生冬夏播琴播琴猶播殖方俗言耳鸞

鳥自歌鳳鳥自儛靈壽實華（靈壽木名也似竹有枝節）草木所聚（在此叢殖也）爰有百獸相羣爰處（於此羣聚）此草也冬夏不死

南海之內黑水青水之閒有木名曰若木（樹赤華青）若水出焉有禺中之國有列襄之國有靈山有赤虵在木上名曰蝡虵木食（言不食禽獸也音如耎弱之耎）

有鹽長之國有人焉鳥首名曰鳥氏（今佛書中有此人即鳩夸也）

九丘以水絡之（絡猶繞也）名曰陶唐之丘（陶唐堯號）有叔得之丘孟盈之丘昆吾之丘（此山出名金也尸子曰昆吾之金）黑白之丘赤望之丘參衞之丘武夫之丘（此山出美石）神民之丘（言上有神人）有木青葉紫莖玄華黃實名曰建木百仞無枝有九欘（枝回曲也音如斤劚之劚）下有九枸（根盤錯也淮南子曰木大則根欋音劬）其實如麻（似麻）

子也其葉如芒（芒木似棠棃也）大皞爰過（言庖羲於此經過也）黃帝所爲（言治護之也）有窫窳龍首是食人（在弱水中）有青獸人面名曰猩猩（能言）

西南有巴國（今三巴是）大皞生咸鳥咸鳥生乘釐乘釐生後照後照是始爲巴人（爲之始祖）有國名曰流黃辛氏（即酆氏也）其域中方三百里其出是塵土（言殷盛也）有巴遂山澠水出焉

又有朱卷之國有黑蛇青首食象（即巴蛇也）

南方有贛巨人（即梟陽也音感）人面長臂黑身有毛反踵見人笑亦笑脣蔽其面因即逃也又有黑人虎首鳥足兩手持蛇方啗之

有嬴民鳥足（音盈）有封豕（大豬也羿射殺之）有人曰苗民（三苗民也）有

神焉人首虵身長如轅(大如車轂澤神也)左右有首(岐頭)衣紫衣冠旃冠名曰延維(委蛇)人主得而饗食之伯天下(齊桓公出田於大澤見之遂霸諸侯亦見莊周作朱冠)有鸞鳥自歌鳳鳥自舞鳳鳥首文曰德翼文曰順膺文曰仁背文曰義見則天下和(言和平也)又有青獸如菟名曰嵐狗(音如朝菌之菌)有翠鳥有孔鳥(孔雀也)

南海之內有衡山(南岳)有菌山(音芝菌之菌)有桂山(或云衡山有菌桂桂員似竹見本草)有山名三天子之都(一本三天子之鄣山)

南方蒼梧之丘蒼梧之淵其中有九嶷山舜之所葬在長沙零陵界中(山今在零陵營道縣南其山九谿皆相似故云九疑古者總名其地爲蒼梧也)

北海之內有虵山者虵水出焉東入于海有五彩之鳥飛蔽一鄉(漢宣帝元康元年五色鳥以萬數過蜀都即此鳥也)名曰翳鳥(鳳屬也離

顏師古漢書惠帝紀注云山海經貳負之臣相柳之尸皆云盜械

騷曰駟玉虯而乘鷖又有不距之山巧倕葬其西倕堯巧工也音瑞北海之內有反縛盜械帶戈常倍之佐名曰相顧之尸亦貳負臣危之類伯夷父生西岳西岳生先龍先龍是始生氐羌氐羌乞姓伯夷父顓頊師今氐羌其苗裔也

北海之內有山名曰幽都之山黑水出焉其上有玄鳥玄蛇玄豹玄虎黑虎名儵見爾雅玄狐蓬尾蓬叢也阻留反說苑曰蓬狐文豹之皮有大玄之山有玄丘之民言丘上人物盡黑也有大幽之國即幽民也穴居無衣有赤脛之民膝已下正赤色有釘靈之國其民從膝已下有毛馬蹄善走詩含神霧曰馬蹄自鞭其蹄日行三百里

炎帝之孫伯陵伯陵同吳權之妻阿女緣婦同猶通言淫之也吳

權人姓名緣婦孕三年孕懷身也是生鼓延殳始爲侯三子名也殳音殊鼓延是始爲鍾世本云毋句作磬倕作鍾爲樂風作樂之曲制

黃帝生駱明駱明生白馬白馬是爲鯀即禹父也世本曰黃帝生昌意昌意生顓頊顓頊生鯀帝俊生禺號禺號生淫梁淫梁生番禺是始爲舟世本云共鼓貨狄作舟番禺生奚仲奚仲生吉光吉光是始以木爲車世本云奚仲作車此言吉光明其父子共創作意是以互稱之少皡生般般音班是始爲弓矢世本云牟夸作矢揮作弓弓矢一器作者兩人於義有疑此言般之作是

帝俊賜羿彤弓素矰彤弓朱弓矰矢名以白羽羽之人外傳白羽之矰望之如荼也以扶下國言令羿以射道除患扶助下國羿是始去恤下地之百艱言射殺鑿齒封豕之屬也有窮后羿慕羿射故號此名也

帝俊生晏龍晏龍是爲琴瑟世本云伏羲作琴神農作瑟帝俊有子八人是始爲歌舞帝俊生三身

三身生義均義均是始爲巧倕是始作下民百巧后稷是播百穀稷之孫曰叔均是始作牛耕始用牛犂大比赤陰或作音是始爲國得封爲國禹鯀是始布土均定九州布猶敷也書曰禹敷土定高山大川炎帝之妻赤水之子聽訞生炎居炎居生節並節並生戲器戲器生祝融祝融高辛氏火正號祝融降處于江水生共工共工生術器術器首方顛頭頂平也是復土穰以處江水復祝融之所也共工生后土后土生噎鳴噎鳴生歲十有二生十二子皆以歲名名之故云然洪水滔天滔漫鯀竊帝之息壤以堙洪水息壤者言土自長息無限故可以塞洪水也開筮曰滔滔洪水無所止極伯鯀乃以息石息壤以填洪水漢元帝時臨淮徐縣地涌長五六里高二丈即息壤之類也不待帝命帝令祝融殺鯀于羽郊羽山之郊鯀復生禹開筮曰鯀死三歲不腐剖之以吳刀化爲

黃龍也

帝乃命禹卒布土以定九州鯀績用不成故復命禹終其功

山海經第十八

歙縣項絪校刊